CAMGIRL E ONLYFANS

COME FARE SOLDI NELL'ADULT

Kitty Cat

HOW2

EDIZIONI

INDICE

PREMESSA

Questo **manuale semplice ed operativo** si rivolge a chiunque voglia aprirsi un profilo e **guadagnare su ONLYFANS**, siti simili, e **lavorando come CAMGIRL**.

"**Camgirl e OnlyFans**" è una **guida pratica** che spiega tutto quello che devi sapere su questo settore: trucchi, consigli ed errori da evitare, per far sì che tu possa arrivare al **SUCCESSO e GUADAGNARE MOLTI SOLDI**, come le più influenti modelle. Vedrai che non è necessario svelare la tua identità per guadagnare, ma lo puoi fare anche **in completo ANONIMATO**.

Imparerai tutto quello che devi fare per promuoverti e farti conoscere sui Social, affinché il massimo numero di utenti e followers possano diventare tuoi fans abbonati o *pay per view*. Capirai, dunque, tutti i **Segreti del Marketing, per promuoverti** al meglio su **Instagram, TikTok, Twitter, YouTube, Facebook, Telegram, Pinterest, Twitch, Patreon**, ed ogni altro social utile per arrivare al successo. Scoprirai quali sono le **migliori piattaforme** su cui iscriverti per guadagnare, ed i loro pro e contro.

Imparerai tutti i trucchi per **produrre CONTENUTI DI SUCCESSO** e condurre **dirette cam da urlo**, controllando **luci, location, costumi, trucco, capelli, conversazioni** e quant'altro, per risultare una **MODELLA E CAMGIRL DI SUCCESSO**.

Infine, ti spiegherò i pro e contro del diventare una **STAR DELL'ADULT**, in modo che tu possa fare, in ogni caso, una scelta consapevole, qualora volessi debuttare come attrice.

Quindi, ti svelerò tutti i segreti del settore, compresi i casi di successo da cui prendere spunto o trarre riflessione.

In sintesi, **leggendo questo libro potrai:**

. *Decidere se il mondo di OnlyFans e delle Camgirl fa per te, valutandone pro e contro.*

. *Imparare come gestire con successo i tuoi profili OF e CG, traendone il massimo dei guadagni.*

. *Imparare le tecniche dell'OnlyFans e Camgirl Marketing, sfruttando i migliori social.*

. *Migliorare la tua attività ed i tuoi guadagni se già sei attiva nel settore.*
. *Sfruttare le esperienze e imparare i segreti delle modelle e camgirl di maggiore successo.*

. *Decidere se e come debuttare come attrice e showgirl nel mondo dell'Adult.*

Perché **il successo è nelle tue mani!**

INTRODUZIONE

Questo manuale si rivolge a chi vuole avviare la propria attività di **Camgirl o modella su OnlyFans, partendo da zero** e chi vuole acquisire nuove competenze, per diventare più brava, professionale e competitiva, rendendo sempre più redditizia la propria attività. Ovviamente, il libro rappresenta una piacevole lettura, anche per cultura generale, per chiunque sia incuriosito da questo fenomeno, sempre più diffuso anche in Italia.

Dunque, proprio perché la professione della camgirl sta diventando sempre più gettonata, sia come attività primaria che secondaria, dati i suoi notevoli vantaggi, bisogna anche considerare il progressivo aumento della concorrenza nel settore. Proprio in questo scenario, la **camgirl di successo** deve formarsi competenze eccellenti per perseguire un vantaggio competitivo nel settore, al fine di arricchirsi e sfondare.

Pertanto, questo manuale, dallo stile pratico e operativo, ti spiega, in modo esaustivo, cos'è il mondo delle **CAMGIRL** e come guadagnare con questa nuova professione su **OnlyFans** e sulle **piattaforme simili**, al di là di falsi moralismi e tabù.
In questa guida scoprirai come e quando è nato il fenomeno mondiale della camgirl, quali opportunità offre, cosa significa fare la **camgirl in Italia, quanto si guadagna** e, soprattutto, **come si fa** da un punto di vista pratico, attraverso i vari **segreti del mestiere**.

Operativamente, scoprirai come funziona OnlyFans e quali altre piattaforme puoi sfruttare se deciderai di lavorare come camgirl. Ti svelerò quali sono i modelli di **camgirl di successo** da emulare e quali **strategie di marketing** scegliere per avere un numero sempre più folto di clienti e abbonati, al fine di massimizzare i tuoi guadagni.

Leggendo questa guida, scoprirai chi sono le camgirl che guadagnano di più e quali sono i segreti del loro successo economico.

Dunque, leggi questo manuale e diventerai anche tu una **camgirl** e **modella** di successo.

1. LA CAMGIRL, UNA NUOVA PROFESSIONE

Innanzitutto, chi è la camgirl? È una donna che guadagna esibendosi in cam dal vivo, o caricando propri contenuti, generalmente piccanti. Il corrispettivo maschile è il **camboy**. OnlyFans è oggi la più importante piattaforma di camgirl e persone che, in generale, offrono servizi online, esibendo la propria persona. Il fenomeno delle camgirl su OnlyFans (loro preferiscono definirsi creators) è esploso durante il periodo della pandemia, specialmente durante il lockdown. Durante quelle settimane di reclusione forzata in casa, infatti, molte ragazze, più o meno giovani, hanno trovato il coraggio di reinventarsi star della cam.

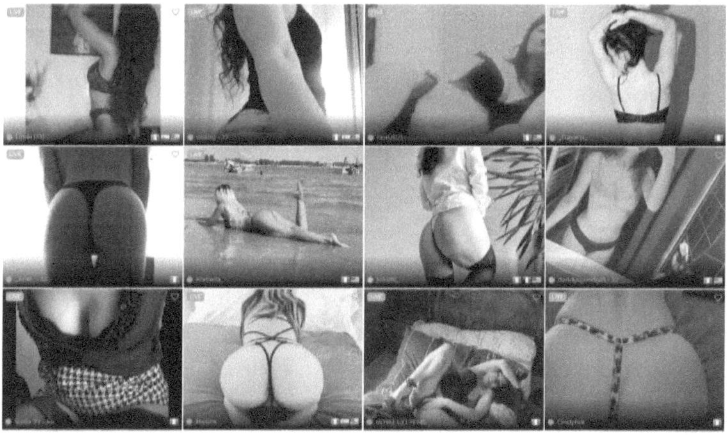

Le camgirl possono essere delle **star dell'adult** di professione e **sexworker**, ma più comunemente si tratta di **studentesse, casalinghe o normali lavoratrici**, che dedicano quotidianamente alcune ore a questa attività, in cerca di facili introiti. Spesso le camgirl sono anche **persone dello spettacolo, influencer e vip**, che sfruttano questa attività, per avere ulteriori guadagni. Le camgirl possono essere contattate tramite siti Internet specializzati nell'offrire questo genere di intrattenimento, come il sopraccitato OnlyFans, appunto. Le forme di pagamento sono variabili e possono consistere in una tariffazione oraria, in ricariche online, oppure, possono consistere nell'acquisto di specifici “gift” (regali e donazioni).

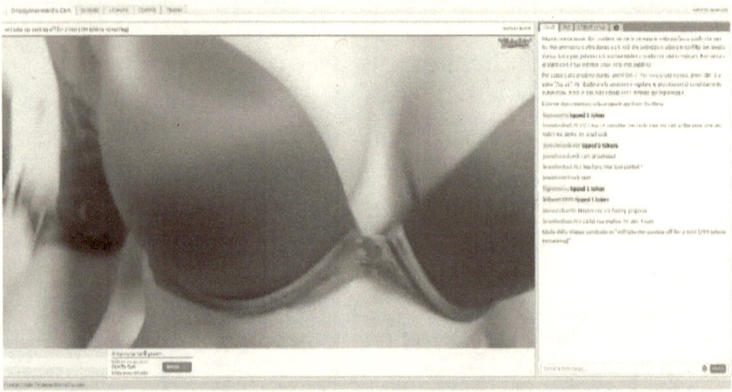

Dunque, parliamo di studentesse, casalinghe, madri di famiglia, che si fanno guardare online per soldi.

Molte lo fanno in incognito, cercando di non farlo sapere ai conoscenti, altre puntano, invece, ad una larga fama. Non tutte si spogliano dato che ci si può limitare anche ad esibirsi in lingerie od in atteggiamenti ammiccanti. Di certo non mi risulta che su OnlyFans ci siano tante prof che facciano lezioni di storia e filosofia. Ma in teoria anche questo si potrebbe fare: pensa ad una prof che fa lezione in abbigliamento succinto o in completino intimo.

1.1. Come lavora una Camgirl?

Le camgirl lavorano quasi sempre in casa, nella propria camera da letto, magari vicino ad un armadio da cui trarre vestitini e completini di intimo. Questo anche per limitare i costi, non essendo necessario filmarsi in uno studio di posa. Basta munirsi di un'attrezzatura minima da Youtuber per filmarsi in buona qualità.

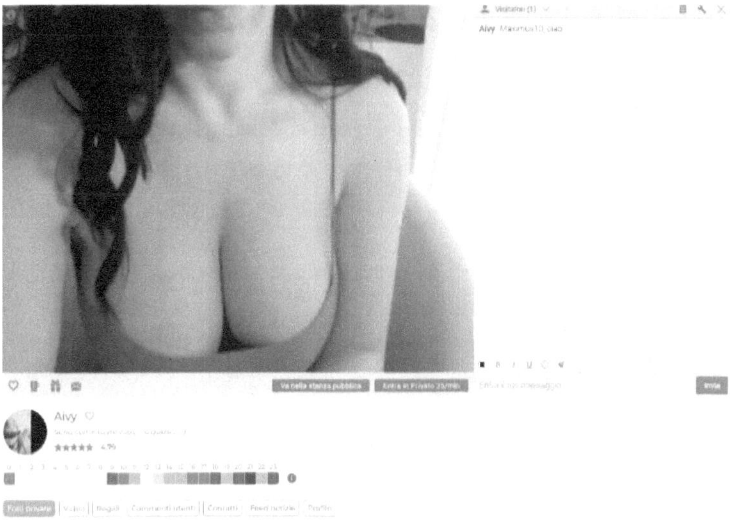

Susy (nome di fantasia per motivi di privacy), la nostra amica camgirl su OnlyFans, dipendente in smart working di una nota azienda milanese, ha appena spento il computer per preparare il pranzo al marito in pausa dall'ufficio: da camgirl a brava mogliettina. Appena questi esce nuovamente per recarsi a lavoro, Susy torna subito in camera da letto, si spoglia, indossa uno dei suoi completini intimi, accende la webcam e si mostra ad un perfetto sconosciuto che sta pagando per guardarla. Tre euro al minuto, spesso anche di più. A fine mese Carla mette insieme quasi 3000 euro, oltre al suo stipendio da impiegata.

Suo marito non sa niente, almeno per ora, perché è un tipo geloso e non glielo permetterebbe di certo.
Susy, dunque, è una camgirl part-time. Non pubblichiamo il suo cognome per motivi di privacy. Le camgirl si esibiscono, spesso, in spettacoli hard in cam ma non lei, che si limita a chiacchierare amabilmente e a mostrare, a richiesta, il prosperoso seno o, al massimo, a fare uno spogliarello.
Susy lo fa in segreto ma molte ragazze, ragazzi e coppie, lo fanno pubblicamente, promuovendosi liberamente sui social e diventando il sogno erotico di amici, conoscenti, colleghi e vicini di casa.

Su OnlyFans c'è n'è di ogni: dalla studentessa appena diciottenne alla madre di famiglia (milf), fino alle signore più mature.

Le camgirl possono lavorare a tutte le ore, di giorno e di notte, a loro discrezione. Molte lo fanno appena sveglie, con un bel cappuccino in mano, altre di notte che il momento in cui la chat è più popolata. Insomma, massima libertà di orari e contenuti, in base alle proprie disponibilità e inclinazioni.

Clienti di ogni età guardano le camgirl, ci chiacchierano un po' o si confidano, in un clima positivo e rilassato. Spesso si crea anche un'amicizia tra camgirl e utente, che diventa così una sorta di cliente fisso, con un rapporto spesso anche quotidiano. Si sono utenti molto facoltosi che spendono migliaia di euro al mese su OnlyFans, che per alcuni diventa una sorta di dipendenza. Se poi l'utente di innamora di una camgirl, addio…

Qualche ragazza, come detto, si mostra in webcam anche in coppia, insieme al proprio compagno o marito: per vederli fare sesso c'è chi è disposto a spendere anche uno stipendio.

1.2. Chi sono i clienti delle Camgirl?

"*È impossibile fare un identikit preciso*", racconta la nostra amica Susy. "*Ci sono anche molti uomini sposati e addirittura qualche uomo di chiesa. Ci sono mariti che magari non tradirebbero mai la moglie con una escort, ma online si sentono più tranquilli e disinibiti. Ci sono anche studenti universitari, che generalmente sono quelli che spendono meno, a meno che non siano i classici figli di papà, che non hanno problemi di spesa. Molti sono i single ma non la maggioranza. Si consideri che ci si può collegare tranquillamente con lo smartphone, senza alcuna necessità di stare a casa. Così è più facile farlo di nascosto dalla famiglia. C'è anche chi si dall'ufficio, anche in orario lavorativo. Alcuni passano in chat giornate intere, anche solo per chiacchierare o parlare dei propri problemi personali. In questi casi facciamo anche da psicologhe. Magari molti di loro non hanno il coraggio di approcciare una donna dal vivo ma dietro lo schermo diventano piuttosto audaci*".

Nel settore delle camgirl la concorrenza è crescente e bisogna diventare anche brave a livello di self-marketing, per promuoversi, facendosi conoscere da sempre nuovi utenti. Prima quello delle camgirl era un settore di nicchia ma dopo la pandemia, come dicevamo, è esploso. Non è facile dire quanto guadagna una camgirl. C'è la star di OnlyFans che fattura anche 100 k al mese e c'è la ragazza novizia, alle prime armi, che inizia guadagnando poche centinaia di euro. Chiaramente, come per ogni cosa, ci vuole talento, dedizione e fantasia, perché bisogna rinnovarsi ogni giorno. Per questo molte camgirl di definiscono oggi content-creator, ossia creatrici di contenuti online (video e/o foto).

Quanto guadagna la nostra Susy?

"*Anche 2000-3000 al mese*" afferma; "*dipende da quanto tempo sto in chat, dato che io già sono impiegata part-time in azienda. Comunque anche solo con quattro ore al giorno riesco tranquillamente ad eguagliare o superare lo stipendio di mio marito, che invece lavora full-time. Ovviamente mio marito non ne deve sapere nulla, infatti, i soldi che guadagno li tengo su una PostePay, di cui lui non è al corrente*". "*E se tuo marito ti scoprisse?*", le chiediamo. "*Mi separerei piuttosto ma non mollerei mai questa attività che mi da tante soddisfazioni*", ci rivela sorridendo maliziosamente.

1.3. Quanto guadagna una Camgirl?

Innanzitutto, chiariamo una cosa: questo è un mondo aperto davvero a tutti, donne, uomini, etero, gay, travestiti, trans, senza alcun limite di età, purché maggiorenni, requisito sine qua non. Per registrarsi, infatti, bisogna inviare il proprio documento d'identità ed una minorenne non può farlo, a meno che questo non sia falso.

Per approfondire il tema relativo ai guadagni, dopo averti riportato la testimonianza di Susy, ti riporto anche quella di Carol, una sua amica e collega camgirl, da più tempo nel settore e più affermata.

"*In passato stavo online al massimo due o tre dopo cena, perché di giorno andavo all'Università. Dunque, non avevo moltissimo tempo per stare in cam e guadagnavo circa 800-1000 euro al mese, che mi bastavano giusto a mantenermi. Ora, nonostante mia sia laureata in Lettere con il massimo dei voti, faccio la camgirl a tempo pieno su OnlyFans, lavorando anche dieci ore al giorno, compresi sabato e la domenica. Così arrivo a guadagnare circa 3.000 euro a settimana. Io non faccio nudo ma ho amiche ed ex colleghe di università che facendo spettacolini erotici con i sexy toys, guadagno il triplo di me*".

"**Come hai iniziato?**", le chiediamo. "*In modo del tutto casuale*", racconta Carol (altro nome d'arte), "*tramite un'assistente universitaria, diventata poi mia correlatrice. Siccome entrammo in* *confidenza, lei mi confidò che aveva sempre meno tempo per la carriera universitaria perché guadagnava molto di più con OnlyFans. All'epoca non sapevo nemmeno cosa fosse, così andai a curiosare. Poi decisi di iscrivermi e così cominciai. Poi tra le mie amiche e all'università la voce si è sparsa, così molte mi hanno emulato ed anche qualche ragazzo, etero e non*".

Dunque, Carol guadagna, a 26 anni, ben 12k ma c'è da meravigliarsi. Il programma "Le Iene", infatti, ha intervistato una camgirl italiana, molto dotata di seno e molto nota su OnlyFans, che guadagna anche 100k al mese, se non di più. Sto parlando della nota **Mady Gio**, che da ex cameriera è diventata ricca iniziando proprio per caso ad esibirsi sul celebre portale. Il suo picco di guadagno? Quando per la prima volta ha esibito il seno nudo.

Insomma, diventare camgirl ti permette di lavorare quando e come vuoi, senza limiti di tempo e modalità. Dunque, starà solo a te decidere se farne un hobby da un paio di ore alla settimana od una vera e propria professione, part-time o full-time. Diventerai anche tu ricca? Questo dipende da molti fattori. Di certo **il talento è necessario**, come **la simpatia**, **la creatività** e qualcosa che piaccia molto agli utenti. Come detto, **non è fondamentale spogliarsi** o fare cose piccanti. L'importante è **incuriosire, piacere, intrigare, attirare gli utenti**.

1.4. Le migliori piattaforme per Camgirl

Ormai lo avrai capito, diventare una camgirl è semplicissimo e bastano pochi passaggi. Ti spiego subito come fare. Ma siccome di OnlyFans parleremo in modo esaustivo più avanti, in questo paragrafo ti parlerò di **siti per camgirl alternativi, ma altrettanto remunerativi**. Ovviamente, quando dico camgirl, per praticità e sintesi, intendo includere anche i maschietti. Nessuno si senta escluso, insomma. Parola d'ordine "**inclusività**".

Ma ritorniamo a noi. Il primo passo è registrarti gratuitamente su uno dei siti che offrono questa tipologia di servizi. Ne esistono davvero a bizzeffe e per tutti i gusti. Oltre ad OnlyFans, che è il più popolare, al momento ti cito i seguenti. Tieni in considerazione che i dati illustrati sono quelli registrati al momento della stesura di questo libro (2023).

XCAMS-MODELS
La cosa positiva di questa piattaforma è che gli spettatori sono abituati a spendere molto, attraverso chat esclusive, in modalità *pay-per-minute* (paghi la tariffa al minuto).
Alcuni siti di webcam trattengono fino al 70-75% dei guadagni, Xmodels, invece, paga il 45% alle proprie camgirl, ma è possibile aumentare ancora del 30%, qualora le camgirl facciano iscrivere nuovi utenti. C'è da dire perché da questo punto di vista **OnlyFans conviene molto di più, in quanto trattiene solo il 20%.**
L'aspetto migliore di Xmodels è che gran parte degli utenti provengono dagli Stati Uniti e da altri paesi ricchi come Svizzera, Finlandia, Danimarca e Norvegia. Dunque, guadagni meglio con loro ed hai molte meno probabilità che ti sgamino, se fai la camgirl in incognito.
Un aspetto molto importante di Xmodels è che la tariffa che percepisci all'inizio è standard ed è bassa. Quindi è difficile

realizzare guadagni significativi fino a quando non raggiungi la soglia delle 100 ore in cam, che permettono di farti personalizzare la tariffa. Una volta che potrai impostare il tuo prezzo, i guadagni di Xmodels diventeranno molto più interessanti.

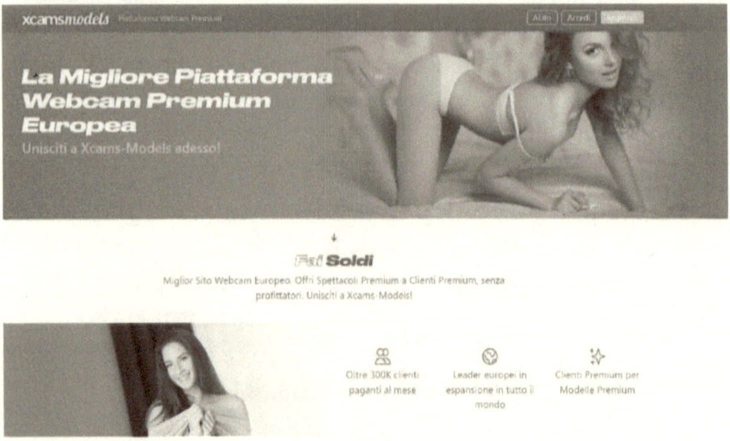

Ecco la descrizione dei vari tipi di spettacoli e chat disponibili su Xmodels:

Free Chat: i visitatori qui possono entrare gratuitamente e iniziare a chattare per un tempo limitato. Questa modalità serve ad attirare gli utenti, sperando che poi diventano a pagamento. In questa modalità non conviene esibirsi in modo troppo esplicito ma limitarsi a stuzzicare l'utente di turno, per attirarlo nella chat privata.

Chat privata: questa è a pagamento e guadagni per ogni minuto in cui l'utente rimane collegato con te. La particolarità è che puoi avere contemporaneamente anche più di un visitatore, come in una stanza. Così il guadagno si moltiplica a seconda degli utenti che ti guardano.

Vip Chat: se l'utente ti vuole in modo esclusivo, lo deve fare tramite la VIP Chat. È chiaro che questo visitatore pagherà un prezzo al minuto più alto rispetto alla chat collettiva.

RIV CAM

Questa piattaforma storica è online dal 2005 e raggruppa oltre 6.000 camgirl amatoriali, la maggior parte italiane, nella fascia di età compresa tra i 18 e i 22 anni. Ovviamente ci sono anche donne di una fascia di età più alta. Il mercato è aperto a tutti.

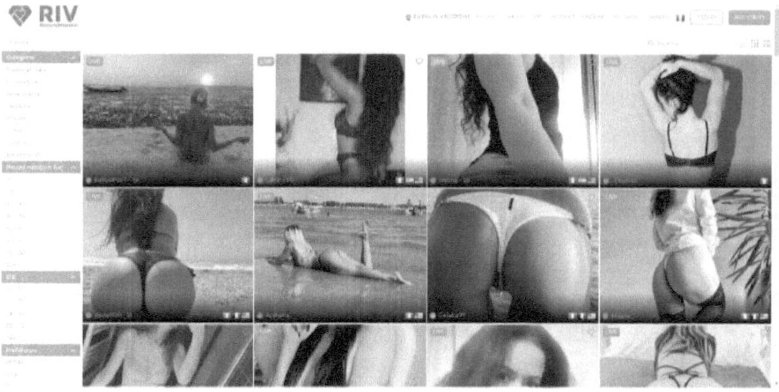

In questo sito la camgirl può guadagnare anche dalla vendita di lingerie, di foto e video privati o dando il proprio contatto personale. La caratteristica che contraddistingue Riv Cam, tuttavia, è il forum pubblico, che mostra molte camgirl in contemporanea. In questa chat collettiva il compito della camgirl è quello di attirare gli utenti nella propria chat "privata", dalla quale guadagnerà. Ogni camgirl è libera al 100% di stabilire le proprie tariffe e i tipi di spettacoli forniti. Un'altra caratteristica interessante in termini economici, è il concorso mensile Webcam Girls Award. Si tratta di una classifica interna al sito che premia le prime tre migliori camgirl del mese. I premi possono variano dai 1500 ai 2000 euro.

CAM4

Cam4 nasce negli USA nel 2007 ed è un sito "**Freemium**" (cioè **free+premium**). Questa è una strategia di marketing che consiste nell'offrire sia servizi gratuiti (free) che attirino gli

utenti, sia servizi a pagamento (premium). Cam4 è disponibile in ben 37 lingue ed è ormai popolare anche in Italia.
Donne, uomini, coppie e trans di tutto il mondo, trasmettono quotidianamente su questa piattaforma i loro spettacoli amatoriali. Gli utenti di Cam4 hanno la possibilità di pagare le camgirl attraverso dei token virtuali, per regalare mance o guardare spettacoli privati. Anche su questa piattaforma le camgirl possono vendere la propria lingerie.
Un vantaggio di lavorare su Cam4 riguarda i pagamenti, che possono essere riscattati dalle camgirl anche quotidianamente, a partire da un minimo di 50 dollari.
Per aumentare i guadagni delle camgirl, anche Cam4 organizza anche contest tematici, oltre al premio della "Cam Girl del mese", che mette in palio un montepremi per le prime 20 performers classificate.

CAMSODA
Questa piattaforma permette di trattenere il 55% dei propri guadagni, percentuale più alta della media del settore, OnlyFans a parte. Punto forte di CamSoda riguarda la vendita di foto e video, che su questa piattaforma rendono più degli spettacoli in cam. Se prediligi foto e video alla cam, questa piattaforma può essere una buona alternativa ad OnlyFans.

XLOVECAM
Lanciato nel 2006, XLoveCam è uno dei siti per camgirl europei più popolari. Questo sito funziona principalmente in modalità premium a pagamento, dato che gratuitamente l'utente può vedere al massimo 1 minuto di cam.
Ogni camgirl può stabilire il proprio compenso (prezzo al minuto) ed il tipo di spettacolo da offrire.
Il programma VIP di questa piattaforma permette di fidelizzare i clienti abbonati, che hanno accesso a contenuti privati (tipo OnlyFans).

BONGACAMS

Con oltre 310 milioni di visitatori mensili, questa piattaforma è la seconda al mondo nel settore delle camgirl (escluso OnlyFans). BongaCams può essere una scelta ottimale, se vuoi ottenere mance con gli spettacoli gratuiti, attraverso un traffico molto elevato.

SOULCAMS

Questa è una piattaforma tedesca. La Germania ha leggi piuttosto evolute per le sexworker, per cui SoulCams garantisce meno restrizioni rispetto agli altri siti di webcam.

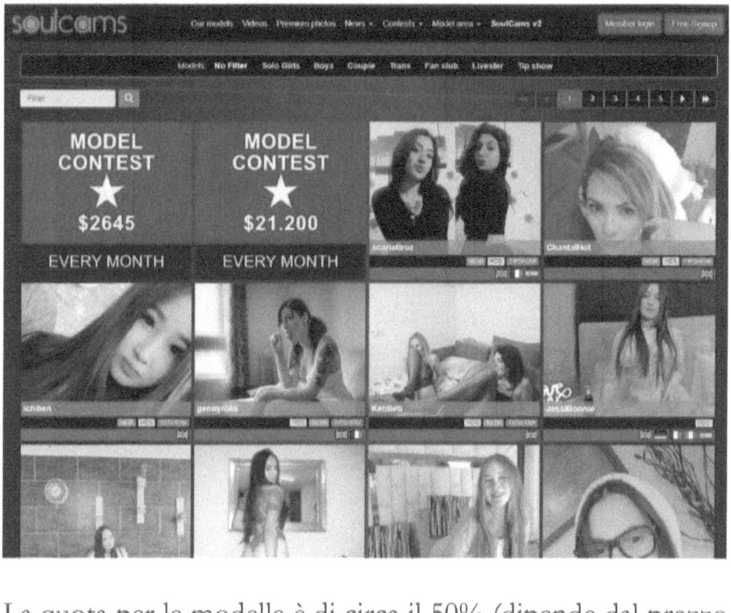

La quota per le modelle è di circa il 50% (dipende dal prezzo del pacchetto che il cliente acquista), più un 20% per i nuovi utenti che si registrano grazie alla camgirl di turno. Quindi come guadagno finale si può ottenere fino al 70% (poco meno rispetto ad OnlyFans). È importante sottolineare che la maggior parte delle camgirl su questo sito guadagna di più dalla funzione di sola chat senza video, poiché così si

intrattengono con gli utenti anche relazioni virtuali di lungo periodo.
Anche questa piattaforma organizza continuamente promozioni e concorsi per le camgirl, con premi in denaro.

LIVEJASMIN

LiveJasmin è probabilmente il sito più glamour del settore.
Anche se la piattaforma si definisce la n.1 al mondo, in realtà ha meno traffico di Chaturbate, BongaCams o Xmodels.

Il "Modello di Revenue" di questa piattaforma è basato su di un sistema a più livelli. Al livello più basso è possibile ottenere il 30% sulle vendite, mentre al livello più alto è possibile ottenere fino al 60% ma per raggiungerlo la camgirl deve guadagnare almeno 5.000 dollari al mese.
Una delle migliori caratteristiche di LiveJasmin è quella di consentire alle camgirl di trasmettere contemporaneamente su più piattaforme.

CHATURBATE

Stiamo parlando del maggiore sito di webcam al mondo per traffico, con oltre 350 milioni di visitatori mensili, secondo solo ad OnlyFans che ha un traffico mensile di un miliardo di visitatori (dato rivelato per febbraio 2023).

Chaturbate ha più "Model Revenue" per generare denaro, rispetto agli altri siti di webcam e se diventi una Top Camgirl ti permette di guadagnare molto bene (anche 100k al mese).
Un gran numero di camgirl su questa piattaforma guadagna almeno 5.000 al mese, tuttavia, data l'alta competizione, in media si guadagna molto meno rispetto ai siti Freemium sopra citati. Un vantaggio di Chaturbate è che puoi mantenere il 60% dei guadagni, che tutto sommato è una percentuale medio/alta rispetto a ciò che offrono la maggior parte dei siti simili; inoltre si viene pagati settimanalmente.

SKEEPING
Questa è una piattaforma per camgirl ed un social network per adulti, 100% made in Italy. Si tratta di un portale giovane ma già conosciuto, frequentato e molto apprezzato dagli utenti.

Sostanzialmente, Skeeping è un sito consigliato a chi cerca camgirl italiane e vuole iscriversi e partecipare ad una vera e propria social community erotica, ben diversa dai format statunitensi di questo settore.
Fare la camgirl su Skeeping è diverso rispetto altri siti di cam: il suo aspetto più bello è l'atmosfera più intima e

confidenziale, tipica dei piccoli social. L'invidia e l'ostilità tra colleghe, su Skeeping, al momento, non esiste. O meglio, se si manifesta viene moderata sul nascere. Ben accetta una sana rivalità, stimolante e costruttiva. Se questa caratteristica, del tutto assente negli asettici ed impersonali siti concorrenti, è ciò che stavi cercando, questa piattaforma può rappresentare un'ottima opportunità. Chiaramente, lo svantaggio di Skeeping rispetto alle piattaforme straniere, è che è molto più probabile incontrare gente che si conosce e ciò, per motivi di privacy, potrebbe essere considerato un rischio per le camgirl più riservate.

1.4.1. Quanto e come guadagnano le Camgirl sui siti che adottano il sistema dei Token?

Ogni utente che si iscrive su una piattaforma cam *freemium*, oltre a guardare contenuti gratis, può acquistare e sfruttare dei pacchetti di Token, per accedere ai servizi a pagamento.
I Token possono essere utilizzati per lasciare mance (tips) durante gli show gratuiti, per invogliare la camgirl di turno a fare ciò che si richiede o per entrare in modalità privata.
Gli show privati costano dai 6 ai 90 Token al minuto.
Se pensi che il modo migliore per guadagnare Token sia tramite gli show privati ti sbagli. La maggior parte dei guadagni, infatti, le camgirl li ricevono durante gli show pubblici. Potrà sembrarti strano ma durante gli show pubblici ci sono anche utenti che sborsano, in una sola volta, anche 1000 Token pur di vedere quello che vogliono.
Per non parlare degli utenti che inviano in continuazione Tips da 100 Token per fare continuare una camgirl a continuare a fare qualcosa, per cambiare posizione, ecc.
Con uno show privato, puoi guadagnare tanto ma se becchi gli utenti giusti, ossia particolarmente generosi, in uno show pubblico, i tuoi guadagni potranno essere ben superiori.

Per capire quanto guadagna una camgirl in Token, dobbiamo capire quanto vale effettivamente questa criptovaluta e ciò dipende dalla singola piattaforma. Infatti, a differenze delle normali valute, il Token non ha un valore fisso ma esso viene stabilito da chi gestisce ogni determinato sistema che li usa.

Cam4 è l'unico servizio che non trattiene nessuna commissione alle camgirl, quindi ti fa guadagnare il 100% dei Token ricevuti. Il pacchetto minimo da 50 Token costa agli utenti 9,95 €, quindi guadagnerai ben 19,90 € ogni 100 Token ricevuti.

Chaturbate, invece, paga alle camgirl il 50% dei propri guadagni. Quindi se 100 Token costano all'utente 10,99 $, la camgirl guadagnerà 5,45 $ per ogni 100 Token ricevuti (circa 4,67 € netti). La commissione trattenuta da Chaturbate è piuttosto alta ma viene compensata dal grande traffico che riesce a generare.

Anche **Royal Cams** paga il 50% dei Token spesi dagli utenti per le camgirl. Il pacchetto da 140 Token costa 9,99 €, per un guadagno di circa 3,50 € netti per ogni 100 Token ricevuti. Con Royal Cams si guadagna un po' meno di Chaturbate ma i Token costano meno agli utenti, che pertanto sono più propensi a spenderli.

Ma i token sono l'unica fonte di guadagno?

Assolutamente no! Diventando una camgirl puoi guadagnare anche in diversi modi:

. Vendendo i tuoi video e le tue foto
. Vendendo il tuo intimo usato
. Facendo Show privati su Skype o Zoom
. Ricevendo regali sulle liste Amazon
. Facendoti pagare per avere il tuo numero WhatsApp, ecc.

Tutti questi servizi possono essere svolti anche direttamente dalla piattaforma sulla quale trasmetti.
Sempre la nostra Carol ci racconta: "*C'è un utente che da alcuni mesi mi versa 200 euro a settimana per mandargli le mie mutandine usate. Se le porta anche in ufficio ed ogni tanto le annusa*".
Dunque, Carol guadagna ben 800 € al mese solo per inviare le sue mutandine usate ad un singolo fidelizzato cliente.

1.4.2. Cosa ti serve per diventare Camgirl e guadagnare con gli show?

Innanzitutto, devi essere maggiorenne. Nessuna deroga su questo e non scherziamo con le cose serie. **La maggiore età è un elemento imprescindibile**.

Dando per scontato che tu sia maggiorenne, per diventare camgirl ed iniziare subito a guadagnare ti basterà:

. **Un computer, un tablet od uno smartphone;**
. **Una connessione internet veloce;**
. **Una webcam ad alta definizione.**
. **Entusiasmo, talento, costanza e voglia di divertirti.**

Gli utenti vogliono immagini ad alta definizione, per cui gli show che si vedono sfocati hanno una percentuale di abbandono altissima rispetto agli show in HD, ancora meglio se in 4k.
Le camgirl scazzate, che non hanno voglia di parlare e divertirsi, non ricevono Token e non guadagnano.
E meno guadagnano e più si scazzano innescando un circolo vizioso. Dunque, **divertiti, chatta, scherza con gli utenti, incuriosiscili e, infine, fidelizzali**. Solo così potrai vedere aumentare i tuoi guadagni.
Moltissime camgirl utilizzano anche i sextoys e grazie a questi accessori aumentano tantissimo i propri guadagni.
Dunque, avrai capito che i guadagni possono essere molto interessanti ma dipende da quanto tempo ci si dedica, anche a livello di web marketing, e da quanto ci saprai fare per attirare e fidelizzare clienti e fan.
Per motivi di privacy, in ogni caso, puoi anche bloccare tutte le connessioni dall'Italia o da qualsiasi altro Paese al mondo e trasmettere solo ad utenti di determinate nazioni.

1.5. Come fidelizzare i clienti per guadagnare di più in webcam

Premettendo che non esistono formule magiche, perché i soldi non si guadagnano restando ferme di fronte ad una webcam ad aspettare che tutto cada dal cielo, ci sono tuttavia alcune linee guida sulle quali muoversi che, con il tempo e l'esperienza maturata, possono dare una bella spinta al tuo lavoro di camgirl.

Il marketing, che tu lo creda o meno, funziona anche in quest'attività e può esserti davvero d'aiuto per il tuo business. Se desideri guadagnare bene, devi prendere questo lavoro molto sul serio e metterci il massimo impegno possibile.

Se da una parte è corretto dire che il primo dei vantaggi nel fare la camgirl è di avere a disposizione una discreta libertà d'orario e tempo libero, dall'altra è anche vero che tutto ciò che è lavoro, va affrontato con coerenza e dedizione e molte camgirl di successo lavorano anche 10-12 ore al giorno.
Prendendo il lavoro in cam seriamente ed imparando la psicologia della vendita, sfruttando le armi di persuasione ed il tuo innato istinto femminile, tutto sarà più facile.

Più sensuale ed intrigante sarai, più attirerai a te interesse!

Per riuscire nel tuo intento di fidelizzare gli utenti attraverso la videochat, in modo che ripetano la loro esperienza con te più volte, devi appunto stabilire con loro un rapporto abituale in webcam. Avere degli utenti fissi ti permette di farti una base di guadagno stabile, come se fosse uno stipendio fisso. Diciamo che gli utenti fidelizzati dovrebbero rappresentare anche oltre il 50% dei tuoi introiti.

Ma chi sono gli utenti fidelizzati?

Quelli che sistematicamente acquistano i tuoi servizi, come gli show in webcam, e/o i tuoi prodotti, come lingerie usata, foto e video privati. E devono essere soddisfatti di ciò che comprano. Per ottenere il massimo dai tuoi sforzi, ti spiegherò quali sono le tecniche maggiormente utilizzate dalle camgirl più famose e ricercate.

Come fanno le camgirl di successo a monetizzare tanto?
Ci sono moltissimi modi per impostare le basi del successo correttamente. Vediamoli subito.

1. Organizza spettacoli di qualità

Non sottovalutare la qualità della trasmissione: uno show fatto con una webcam ed un audio ad alta definizione fa la differenza rispetto ad uno di scarsa qualità.

Libera la tua creatività, scarta ciò che non funziona e migliora invece quello che ti fa guadagnare. Sperimenta e prendi spunto dalle più brave. Ma ispirarsi non vuol dire copiare. In tal caso diventeresti un anonimo clone, mentre devi sempre coltivare la tua specifica identità e personalità. Devi puntare su qualche tua caratteristica peculiare che possa farti distinguere dalla concorrenza, caratterizzarti, incuriosire e rimanere impressa nella mente degli utenti. Non tutte riescono ad ottenere ottimi risultati immediatamente, ma come in tutte le cose ci vuole perseveranza.

Parti dal presupposto che nel vendere qualcosa, sia un servizio o un prodotto, devi essere poliedrica e recepire i trend ed i bisogni degli utenti. Ovviamente, rispettando quelli che sono i tuoi limiti e le tue preferenze. Quindi, una volta che ti viene richiesto uno show in privato, cerca di capire cosa l'utente vuole e come vuole che sia fatto, mantenendo però vive le tue caratteristiche, quelle che ti rendono unica e sulle quali punti tutto. Non devi dare tutto subito. Molte fanno subito nudo e spettacoli erotici, bruciandosi in fretta, mentre è molto più strategico farsi desiderare e far accrescere la curiosità intorno a te un poco alla volta. La suddetta *Mady Gio* ha mostrato il seno nudo dopo molto tempo, ottenendo un picco di guadagni.

2. Inserisci i tuoi Fans nella lista "Preferiti"

Dal tuo pannello di controllo, potrai vedere che ci sono ben dettagliate tutte le tue vendite: dal nickname dell'utente che ha acquistato da te, all'orario e giorno in cui è avvenuto.

In questo modo, potrai capire su quale tipologia di prodotto e/o servizio puntare e in quali fasce della giornata e in quali giorni della settimana. Insomma, le statistiche sono molto importanti e devi assolutamente studiarle. Tutto ciò servirà a migliorarti, in base al traffico degli utenti.

Un ottimo strumento per fidelizzare gli utenti è la messaggistica interna. Grazie ai messaggi privati potrai contattare periodicamente i tuoi utenti preferiti per stimolarne le visite al tuo profilo, e di conseguenza anche l'acquisto dei tuoi servizi e prodotti.

3. Fai promozioni ed offerte speciali dei tuoi servizi e prodotti

Eh sì! Proprio come accade nel commercio, anche per promuoverti in questo settore a volte servono degli incentivi. Prendi in considerazione di partecipare ad eventi organizzati dal sito oppure di attivare servizi extra. Come ti avevo accennato prima riguardo all'essere poliedrica, cerca di individuare quali sono le tendenze del momento.

Non tutti gli utenti sono uguali e non tutti hanno le stesse preferenze. Ad esempio, **un'ottima nicchia è quella del fetish**, che comprende molte sottocategorie, come i piedi, le mani, le ascelle, ecc.
Puntare sulle nicchie premia, perché permette di avere meno concorrenza e differenziarsi.

Potresti, ad esempio, valutare il **BDSM** soft, in quanto è nota la fidelizzazione degli amanti del genere.

BDSM è infatti una sigla che sta per **Bondage** (pratica sessuale basata sulla costrizione fisica del partner mediante legature, cappucci, bavagli, ecc.), **Dominazione, Sottomissione e Sadismo, Masochismo**. Più sarai originale e particolare, coltivando una tua personalità, più catturerai l'attenzione degli ammiratori di queste tipologie di erotismo.

Quali sono le variabili in questo lavoro?

Le variabili dipendono dall'impegno profuso nel cimentarsi in questa attività. Non è impossibile arrivare a guadagnare discrete cifre in cam. Certo, non tutte le ragazze guadagnano le stesse somme. È un po' come dire quanto guadagna uno Youtuber? C'è chi guadagna centinaia di migliaia di euro e chi non guadagna niente.

La **determinazione**, oltre alla voglia di imparare, di testare, provare, cambiare, nonché il tempo che si è disposte a dedicare, sono tutte caratteristiche che andranno a determinare il tuo risultato finale.

Adesso possiedi tutte le dritte per fidelizzare gli utenti che verranno a trovarti in cam ma ce la devi mettere tutta e dare sempre il meglio. Anche quando sarai stanca e non avrai voglia, dovrai sempre sorridere ed apparire felice e positiva. **Gli utenti cercano buone vibrazioni, non tristezza e negatività** (tranne casi particolari).

Molte camgirl svolgono questa attività anche senza farsi vedere in volto, per motivi di privacy e riservatezza.

Questa scelta può avere i suoi pro e contro. Personalmente preferisco chi ci mette la faccia, ma molte persone amano altrettanto l'incognito ed il mistero. Dunque, a te la scelta!

1.6. Consigli ed Errori da non commettere

Premesso che ogni piattaforma ha le proprie condizioni di servizio (dettate dai gestori del sito stesso che ospitano le camgirl), in linea di massima in questo articolo cercherò di elencare quali comportamenti devi assolutamente evitare per non ricevere penalizzazioni che poi possono riflettersi sui guadagni.

Se di carattere sei timida, potresti risultare nervosa in cam e questo atteggiamento potrebbe imbarazzare i tuoi utenti. Considera che ogni camgirl è diversa e gestisce le cose a modo suo. Pertanto, col tempo e l'esperienza, troverai anche tu il miglior modo di porti, grazie al quale potrai funzionare al meglio come camgirl.

A tale scopo, ti consiglio è di essere sempre te stessa, in modo naturale e spontaneo, con scioltezza, mantenendo un atteggiamento amichevole ed affettuoso, perché anche gli utenti stessi potrebbero essere timidi e impacciati, dunque li devi far sentire a loro agio e per farlo devi risultare simpatica e sorridente, come una ragazza della porta accanto.

Adesso memorizza queste dieci parole che non devi mai usare con i tuoi utenti.

1. Abolita la parola "**lavoro**". I tuoi utenti devono pensare che lo fai per piacere e non solo per una mera questione di guadagno.

2. Mai usare la parola "**cliente**". L'utente vuole sentirsi quasi un seduttore, un conoscente, un amico ma mai un acquirente.

3. **Evita di ricordare ai tuoi utenti che non stai usando il tuo vero nome.** Se ti chiedono come ti chiami, conferma che quello che vedono sia il tuo vero nome. Dunque, usa nomi comuni e non troppo stravaganti. Per privacy non rivelare mai il tuo vero nome e la tua identità. Potrebbe essere pericoloso, in caso di possibili stalker.

4. **Non devi sembrare attaccata ai soldi.** Quelli fanno parte del gioco ma non devono stare al centro della questione. Gli utenti devono trascorrere con te dei momenti spensierati e non devono stare a preoccuparsi dei soldi che stanno spendendo.

5. Molte camgirl usano la frase "portami in privato", ma di solito non funziona perché sembra troppo venale e mercenaria. Devi ottenere questo scopo in modo meno diretto, più giocoso e seducente.

6. **Non parlare di "esibizione" o "spettacolo".** L'utente deve credere che sta vivendo un'esperienza intima ed esclusiva con te, senza essere uno dei tanti. Insomma, devi farlo sentire importante, quasi fossi entusiasta di parlare con lui.

7. **Non essere rigida e schematica** come un robot che recita un copione. Cerca di lasciarti andare ad un'esperienza unica, personalizzata su chi hai di fronte e sfrutta al massimo la tua fantasia. L'utente non deve vivere una fredda esperienza spersonalizzante.

8. Se ti chiedono perché hai iniziato a fare questo lavoro, digli che lo fai per passione e divertimento e non per necessità o mero guadagno. Insomma, distogli sempre l'attenzione dal tema "soldi".

9. **Non devi MAI innamorarti dei tuoi utenti**, si gioca ma non con i sentimenti. Vietato dire "ti amo" o cose simile. Così potresti illudere o ferire gli utenti che ti sostengono. Anche se avrai utenti abituali, mantieni un tono amichevole e confidenziale ma non andare mai oltre. Se ti chiedono esplicitamente di dirgli "Ti amo" in cam, se ti va fallo pure, ma deve rimanere sempre nell'ambito del gioco di ruoli. Mantieni sempre una certa distanza.

10. **Poniti dei paletti e rispettali senza andare oltre**, altrimenti potresti pentirtene. Devi sapere che ciò che fai in cam potrebbe anche essere registrato di nascosto dagli utenti e magari finire a tua insaputa online. Dunque, se non vuoi ritrovarti su qualche sito in atteggiamenti troppo spinti, evita di assumerli, in ogni caso. Se il cliente insiste per farti fare qualcosa che non vuoi, in modo fermo e deciso digli di no.

Stessa cosa se ti chiedono in modo assillante il tuo nome ed i tuoi dati sensibili, tipo indirizzo e numero di telefono. In caso tu voglia dare il numero di telefono, fallo con una scheda che userai solo per questo, ma non dare mai il tuo numero personale. Ricorda che ogni utente, anche quello più insospettabile, potrebbe fissarsi e trasformarsi in uno stalker. Quindi, massima attenzione e riservatezza per la tua privacy.

Meglio chiarire prima cosa fai e cosa non, in pratica, patti chiari e amicizia lunga. La chiarezza è sempre la cosa migliore e ti apprezzeranno per questo, mentre con un atteggiamento ambiguo, falso e incoerente, non farai molta strada in questo settore. Se la conversazione si sta ponendo sui binari sbagliati, cerca di cambiare argomento e distogliere l'attenzione sui punti critici dell'interazione.

1.7. Cosa si aspettano gli utenti da una Camgirl?

Gli uomini che si collegano ad una camgirl vogliono trascorrere online del **tempo piacevole, eccitante, ed evadere dalla realtà**. Vogliono distrarsi, provare un'esperienza coinvolgente, **vogliono essere coccolati** e trattati in modo speciale, anche se si tratta della prima volta. Diciamo che questi sono i bisogni di un utente tipo, ossia della maggioranza, considerando poi che ci sono quelli con gusti e atteggiamenti "particolari" (es. bondage).

Considera, inoltre, che è l'utente a scegliere la camgirl e non il contrario, quindi egli ti sceglierà se soddisfi i suoi gusti, altrimenti avrebbe scelto un'altra. Dunque, **se ti ha scelto va benissimo ma non finisce qui, perché devi fidelizzarlo**, per far sì che diventi un tuo cliente fisso, ossia una rendita sicura. Per raggiungere questo obiettivo, **dovrai soddisfare i suoi bisogni, mostrandoti, innanzitutto, sorridente, simpatica, calorosa e affabile**. L'aspetto più o meno sensuale dipende da te, se sei la classica **ragazza della porta accanto** (che gli uomini amano tantissimo), oppure una femme fatale, una panterona. Per lo stile, dunque, non c'è una regola, **devi essere te stessa** altrimenti non risulterai credibile e non piacerai, dato che il tuo atteggiamento apparirà costruito.

Quanto conta la "bellezza" per una camgirl?

Partendo dal presupposto che **il concetto di bellezza è soggettivo**, ma rimanendo nei canoni più stereotipati del settore, ti dico con assoluta certezza che questo fattore non conta! Infatti, **moltissimi uomini non preferiscono le bellone**, sia perché magari si sentono in soggezione, in imbarazzo e a disagio con loro, ma soprattutto perché **preferiscono la semplicità, la naturalezza e l'affabilità**

della classica ragazza della porta accanto. Poi ci sono quelli che preferiscono le ragazze più in carne, quelle particolarmente magre, quelle con gli occhiali stile segretaria, la secchiona, la nerd, quella con i capelli corti, l'intellettuale, l'apparente sfigatella, la matura, eccetera. Dunque, c'è spazio per tutte e per tutti i gusti. Ancora di più che nella vita privata, nel magico mondo delle camgirl non esistono canoni di bellezza e ci sono mille categorie di persone.

Andando più sul pratico, ecco le cose che devi assolutamente curare:

Il trucco: a nessuno piace la donna sciatta, quindi devi apparire sempre in ordine, con una bella pettinatura (vanno bene anche le parrucche) e con un bel make up.

La conversazione: non devi essere formale ma amichevole, come se conoscessi l'utente da tanto tempo, come se fosse già un tuo caro amico. Quindi, devi conversare in modo sciolto e informale, senza apparire impacciata e imbarazzata. Trattalo come se fosse semplicemente un tuo amico. Evita di essere invadente ed indiscreta e fare domande tipo "sei sposato?", "sei fidanzato?", "che lavoro fai?", "quanti guadagni?", "hai figli?". Queste cose non interessano e pongono la conversazione su binari poco eccitanti, bensì noiosi. Evita gaffes e adotta un linguaggio educato e fine.

Giochi di ruolo: molto spesso incontrerai utenti imbarazzati o impacciati, magari intimiditi, perché potrebbe essere la loro prima volta con una camgirl. Per rompere il ghiaccio potresti suggerire un gioco di ruolo, chiedendo quale situazione potrebbe eccitarlo. Tipo una liaison con un'infermiera, dottoressa, insegnante, eccetera. Così subito il clima diventerà divertente e frizzantino.

Sex Toys: Giocare con questi giocattolini rappresenta un bel jolly ma non è assolutamente obbligatorio, così come non è obbligatorio spogliarsi. Ma se la cosa ti diverte, sapendo sempre che ciò che fai potrebbe finire in rete, sappi che i giochini con i sex toys attirano molto i maschietti. Ce ne sono di molti tipo e diverse camgirl li collezionano addirittura.

Spettacoli tematici (cosplay): Gli uomini nerd sono sempre di più e questi amano molto i travestimenti, tipo cosplay. Quindi, per variare la tua immagine e differenziarti un po' dalle altre, potresti dotarti di qualche costume, proprio per attirare e giocare un pochino con il target nerd. Ovviamente, devi entrare nel ruolo, quindi, se ti travesti da Lamù, dovrai conoscere qualcosa della storia, sennò rischierai di fare figuracce, perché il nerd è pignolo ed esigente.

Dunque, devi sempre cercare di dare all'utente un'esperienza di qualità e se non ti impegni o appari annoiata o scazzata, rischi bruciarti e non avere affatto successo nel settore.

Ricapitolando, presta sempre la massima attenzione a chi sta pagando per guardarti: **mostrati interessata e premurosa, affettuosa, cordiale, simpatica, ben disposta, amichevole.**

Non apparire mai annoiata, disinteressata, scazzata, stufa, troppo stanca, negativa.

Non devi mai usare il cellulare per farti i fatti tuoi durante una live in cam.

Credimi se ti dico che gli utenti non sempre vogliono vedere una ragazza che si spoglia e basta. Magari vogliono semplicemente un po' di compagnia, parlare e scherzare, farsi due risate, passare momenti spensierati, emozionanti, rilassarsi, evadere dalla routine passando una serata diversa.

Tutto, deve accadere in modo spontaneo e naturale, anche se non hai grande empatia con l'utente. Considera che non tutti gli uomini sono uguali ma tu dovrai risultare piacevole a tutti, quindi dovrai essere molto camaleontica e saper intrattenere con lo stesso successo un composto manager così come un barista caciarone.

Spesso, chi si intrattiene con le camgirl, è un uomo solo o che ha delusioni o traumi in amore.
Tantissimi vogliono semplicemente parlare con una donna, magari confidarsi anche. Magari, vogliono semplicemente parlare di loro e della loro vita, dei problemi con la moglie, con i figli, con il capo e i colleghi. Magari hanno un matrimonio fallito alle spalle o dolorose separazioni, pertanto cercano semplicemente un contatto umano, per una questione di solitudine. Questo è uno dei motivi per cui per diventare brave camgirl non basta solo avere un gran bel corpo ed un atteggiamento sensuale, ma si dovrebbe anche

essere in grado di gestire un dialogo confidenziale con intelligenza e tatto, capire i momenti, essere comprensive ed a volte anche un po' "psicologhe".

Molti uomini sono timidi, specialmente alla prima esperienza con una camgirl, pertanto, ti suggerisco alcuni modi per superare l'eventuale imbarazzo.

Posiziona la tua webcam in modo strategico

Oltre alla tua immagine, cerca di curare anche la location da cui trasmetti e l'inquadratura. Non apparire mai fuori campo e ricerca delle buone luci. A seconda dell'atmosfera che vuoi ricreare, puoi giocare con i colori, ma ad ogni modo evita luci fredde da ospedale e prediligi quelle caldi, che rendono un ambiente di casa. Scegli la stanza giusta.

Va benissimo la camera da letto ma deve essere curata ed in ordine. Evita assolutamente la cucina. Cura l'ambientazione nei dettagli, attraverso oggetti, quadri e stampe. Un ambiente troppo freddo e asettico non è il massimo. Cerca uno stile che rispecchi la tua personalità ma non lasciare nulla al caso. Anche questo rende la qualità del tuo servizio.

Sappi sorridere e ridere

Evita di sorridere o ridere continuamente come un ebete o in modo isterico. Fallo se non lo senti, ma sii sempre amichevole e positiva. Se il tuo utente fa una battuta, anche se stupida, ridi lo stesso, per non sembrare algida, distaccata e poco empatica. L'utente deve percepire un buon feeling, si deve sentire accolto, speciale, e non deve percepire freddezza od un senso di noia e sufficienza.

In alternativa, chatta

Se non ti senti abbastanza spigliata e dialogare ti crea imbarazzo, puoi scegliere anche di staccare l'audio e chattare solo. Digitare invece di parlare, può facilitarti le cose, facendoti superare imbarazzo e timidezza. Questo soprattutto alle prime esperienza, poi man mano che acquisirai sicurezza di te e dei tuoi mezzi, le cose verranno da sole e tu stessa, troverai più divertente e meno faticoso chiacchierare a voce. Calcola che anche gli utenti possono essere timidi e preferire la chat alla chiacchierata live. Il bello di questo lavoro è che conoscerai tanti tipi diversi di persone in cam e questo può essere molto stimolante e gratificante, se sei una persona socievole, a cui piace chiacchierare.

Se giochi bene le tue carte, alla fine ti creerai un bel gruppetto di utenti affezionati e fans che ti apprezzano e stimano. Poi, potrai non piacere a tutti ma ciò fa parte del gioco, quindi non farne una tragedia. Magari puoi incappare anche in persone poco piacevoli, invadenti o noiose, per cui devi crearti varie strategie per gestire le diverse personalità in modo efficacie. Cerca di essere aperta ma senza assecondare per forza le richieste degli utenti: devi fare solo ciò che ti fa sentire a tuo agio, senza forzarti, dunque, puoi anche dire di NO.

Punta sulla simpatia

Certo, non tutti siamo divertenti e spigliati allo stesso modo, non tutti possiamo avere uno spiccato senso dell'umorismo ma l'importante è non apparire pesante, pallosa e non fare annoiare chi si ha di fronte. Un minimo di empatia e simpatia ci vuole sempre, un pizzico di autoironia pure. Certo non devi fare il clown ma almeno rispondere in modo positivo all'ironia e alle battute degli utenti, purché non siano cafoni o volgari. Questo proprio non va bene. In ogni caso, fatti scivolare le cose addosso e se qualcosa non va bene, non curartene, non smontarti a vai avanti. *The show must go on* (lo spettacolo deve continuare), quindi si passa sempre appresso. Resetta e vai avanti.

Sii creativa e fantasiosa

Alla lunga, specialmente se lavorerai molte ore al giorno, potresti stancarti ed annoiarti del solito canovaccio, quindi cerca di crearti qualche personaggio per cambiare un po' il gioco. Per fare ciò devi metterci un po' di fantasia e creatività, al fine di variare i temi e non sfociare nella noia e nella ripetitività. Potresti compare un po' di costumi e parrucche da alternare, per rendere le cose più frizzanti, curiose e leggere. Immagina di trasformarti in *Catwoman*, *Wonder Woman*, ecc. Vedrai che divertendoti risulterai anche più divertente, oltre che una brillante intrattenitrice.

Credici e non mollare mai

Per riuscire bene in un mestiere ci vuole talento ed esperienza, quindi non puoi pretendere di diventare la numero 1 al primo giorno da camgirl. Devi avere pazienza e crederci sempre, senza smontarti e mollare ai primi ostacoli. Vedrai che questo atteggiamento mentale positivo ti aiuterà a crescere e diventare ogni giorno più brava. Vedrai che soddisfazione quando vedrai utenti trasformarsi in veri e propri fans, disposti a sostenerti e supportarti sempre. Non avere invidia delle tue colleghe più esperte e popolari ma cerca di imparare tra loro pur senza scimmiottarle, perché devi sempre essere coerente alla tua personalità ed al tuo modo di essere. Poi non è detto che avrai per forza successo in questo settore, magari non sei portata o non ti piacerà, ma l'importante è provarci e non mollare alle prime difficoltà.

Niente ansia di monetizzare velocemente

Sappi che una camgirl non diventa ricca subito ma deve fare gavetta. Devi farti conoscere ed apprezzare, devi crearti pian pianino il tuo pacchetto di clienti abituali, che rappresenteranno lo zoccolo duro dei tuoi introiti. Calcola che potrai avere anche utenti fissi che si collegheranno con te ogni giorno o si abboneranno ai tuoi servizi in modo stabile.

Quindi, la clientela si fan un po' alla volta e se ti capita la giornata moscia, in cui lavora poco, abbi pazienza e non scoraggiarti, capita anche alle migliori. Questo è un lavoro che premia alla lunga, perché bisogna farsi conoscere e questo avviene grazie alla costanza e alla perseveranza, insomma, grazie all'impegno che ci saprai investire. Ricordati che non devi sembrare venali, anche se ne avessi bisogno. Non perdere mai lo stile.

Organizzazione e Planning
Anche se questo lavoro lo puoi fare quando ti va, senza orari fissi, sappi che un po' di programmazione ci vuole, per fidelizzare i propri clienti. Devi essere costantemente presente, altrimenti i tuoi clienti andranno da un'altra e rischierai di perderli. Anche su OnlyFans devi essere costante nel produrre contenuti, perché gli abbonati se lo aspettano e non dovranno essere delusi, altrimenti li perderai. Questo non deve succedere, perché ci vuole tanta fatica e impegno per promuoversi ed acquisire abbonati.

Professionalità
Mettiti nei panni di un utente: cosa ti darebbe fastidio?
Beh, ciò che darebbe fastidio a te, probabilmente, darebbe fastidio anche agli altri, quindi evita di farlo.
A cosa mi riferisco? A cose banali, da evitare in live, tipo:

. *Non essere maleducata*
. *Non distrarsi mentre l'utente parla*
. *Non metterlo in attesa*
. *Non far squillare e soprattutto rispondere al telefono*
. *Cerca di ridurre le lamentele dei tuoi utenti*
. *Chattare con qualcun altro*
. *Spegni la TV, la musica, altri rumori, ed evita di gridare a qualcuno in casa*
. *Non farti interrompere da nessun altro.*

Stai sul pezzo

Aggiornati costantemente sulle novità del web, della tecnologia e dei social. I clienti si pescano un po' ovunque, quindi trova il tempo per presenziare e produrre contenuti per tutti i social e non farti sfuggire nessuna occasione di visibilità. Cerca anche di stare aggiornata sull'attualità e non perdere il contatto dalla realtà. Essere camgirl non deve occupare tutta la tua vita, quindi non diventarne schiava. Conserva il tempo per andare in palestra, uscire, curarti e rilassarti. Questo farà bene alla tua salute, al tuo umore e alla tua forma. Dunque, non alienarti, non stressarti troppo e non esaurirti se vuoi durare. Ogni tanto le batterie vanno ricaricate, quindi, non trascurare la tua vita privata.

Guadagna anche con la Spycam

La camgirl non guadagna solo con le dirette in video chat. Esiste un altro modo per aumentare i suoi guadagni: la Spycam. In pratica, quando la camgirl è in chat privata (o PVT) con un utente, può essere osservata da altri utenti che pagano una tariffa leggermente inferiore.

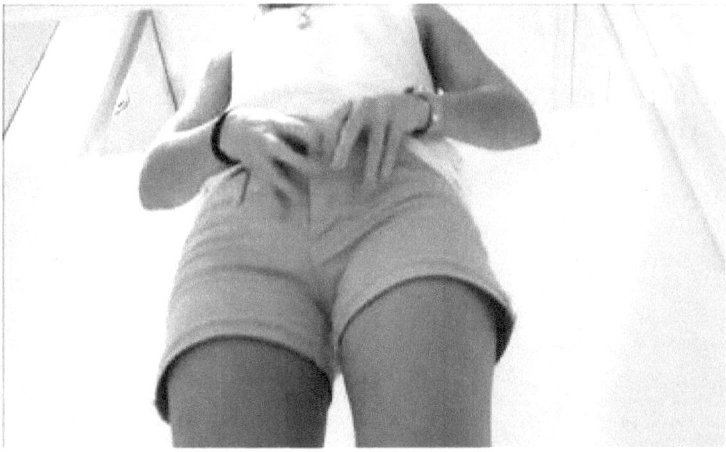

Questi utenti, per timidezza o curiosità, possono assistere alla chat privata senza poter interagire direttamente con la camgirl. Si limitano a guardare, cioè a spiare, quello che succede in privato.

Comprendi l'algoritmo delle piattaforme

Su qualsiasi piattaforma non tutte le camgirl godono della stessa visibilità. È un po' come quando cerchi qualcosa su Google: il motore di ricerca esegue in tempo reale una classifica di risultati in base al suo algoritmo, che a sua volta si basa su variabili come qualità dei contenuti, anzianità del sito, numero di visualizzazioni, ecc.

Dunque, ogni piattaforma si basa su un algoritmo, che ordina automaticamente le cose. Nei siti di camgirl, pertanto non tutte possono apparire nei primi posti in vetrina, perché ci sono delle regole su cui si basa l'algoritmo, tipo provenienza, lingua, anzianità sulla piattaforma, presenza, ecc.
In particolare, devi sapere che ogni monetizzazione ed ogni visita sul tuo profilo migliorerà la tua posizione nell'algoritmo e di conseguenza la tua scalata verso il successo.

Una volta capite queste regole, cerca di lavorare al meglio ed abbi anche pazienza, perché **per raggiungere i risultati ci vorrà tempo, impegno e perseveranza**.

1.8. Sii coach di te stessa

Come mantenere alta la passione nel lavoro di camgirl?
Essere una camgirl richiede impegno, creatività e resistenza. Tra le richieste degli utenti, le variazioni delle mance e la ripetitività degli spettacoli, è normale che a volte si possa sentire stanchezza, frustrazione o demotivazione. Però, non bisogna lasciarsi abbattere. La camgirl è una professionista indipendente e deve saper trovare da sola le motivazioni per continuare a fare il suo lavoro con entusiasmo e soddisfazione. Come fare? Qui ci sono 8 suggerimenti per mantenere alta la passione nel lavoro di camgirl.

Non pensare solo ai soldi
Se non hai successo negli spettacoli, potresti perdere la motivazione. Ma se ti concentri solo sui soldi e non sul divertimento, aumenti il rischio di fallire nel tuo obiettivo di guadagnare di più. Quindi, divertiti con il tuo spettacolo, rilassati e lasciati andare. E per farlo, segui il prossimo consiglio.

Spezza la monotonia
Non lasciarti sopraffare dalla noia di ripetere sempre le stesse cose: questo è un segnale che devi cambiare qualcosa. Cerca delle attività che ti danno energia e che ti fanno divertire nella chat room. Che tu sia appassionato di pittura, di canto o di altro, esprimi la tua creatività e goditi il momento. Così facendo, il tempo passerà in fretta e non avrai l'impressione di fare qualcosa per dovere!

Non pensare in negativo
Frustrazione, problemi e difficoltà personali varie sono elementi che possono rallentare i tuoi progressi e compromettere il tuo talento. Riconosci ciò che ti provoca stress, negatività e perdita di concentrazione, in modo da

limitare il loro impatto psicologico su di te. Spesso siamo portati a credere che i fallimenti dipendano da noi stessi, e non riuscire a raggiungere un obiettivo è forse la sfida più dura. Non è sempre così e la positività è il primo ingrediente del successo.

Non smettere mai di sognare

Per sentire la motivazione dentro di te, devi avere chiaro il tuo scopo. Il primo passo è quindi quello di fissare un obiettivo finale molto motivante. Cosa vuoi realizzare nella tua vita? Quali sono i tuoi sogni? Che cosa ti piacerebbe fare o avere? Vuoi esplorare il mondo o acquistare una bella casa o un'auto di lusso? Tutti abbiamo dei sogni nel cassetto ma a volte li dimentichiamo per via della frustrazione o della stanchezza. Non dimenticare mai i tuoi sogni, ricordali ogni giorno.

Sii tu il tuo boss

Il denaro è il tuo problema principale? Forse la tua insoddisfazione dipende dal fatto che non guadagni abbastanza? Allora devi cercare delle soluzioni per migliorare questa condizione! Fai una pausa, rifletti su come rinnovarti (il tuo ambiente, il tuo show, la tua biancheria, il tuo stile) e mettiti all'opera. Puoi introdurre delle novità che ti facciano sentire appagata e rilanciarti.

Stacca la spina ogni tanto e ricaricati

A volte non è facilissimo mantenere al top la propria determinazione e motivazione, ricorrendo solo alle proprie forze. Ci saranno momenti in cui avrai bisogno di un aiuto in più da parte di qualcuno che ti capisce. Di solito le persone che ti sono più care sono quelle che possono offrirti il sostegno e le motivazioni necessarie per andare avanti. Non chiuderti troppo in te stessa, trova una persona con cui confidarti e sfogarti, magari una tua collega camgirl più esperta, perché no.

Dunque, non lasciare che lo stress alla lunga rovini le tue giornate lavorative. Cerca un hobby che ti aiuti a staccare, rilassarti e a stare bene con te stessa. Così potrai affrontare le sfide con maggiore serenità, entusiasmo e creatività, senza stancarti troppo e rischiare di andare in burnout.
Amica, non lasciarti mai alienare dalla frustrazione, ma concediti anche dei momenti di pausa per riflettere su cosa vuoi fare davvero e riprendere le forze. Questo non significa che puoi abbandonare il lavoro in cam ogni volta che ti va. Se ti disconnetti troppo spesso, non otterrai dei buoni risultati. L'obiettivo di fermarti per un giorno o due è solo quello di ricaricarti di energia e positività, per poi tornare più motivata che mai.

1.9. Aspetti legali e fiscali

Passiamo alla parte più noiosa del libro, anche se devi considerare che gli aspetti di cui ti sto per parlare non si possono affatto trascurare, per non incorrere in inutili ed evitabili seccature.

In Italia, al momento, la professione della camgirl non è riconosciuta all'interno di un CCNL, ovvero di un contratto collettivo nazionale del lavoro. Tuttavia, pur essendo legale, a questo lavoro devono corrispondere degli adempimenti fiscali da rispettare.

Gli adempimenti fiscali a cui ci riferiamo, sono la **dichiarazione dei redditi sui ricavi provenienti da tale attività**, che potranno essere effettuati attraverso:

. L'emissione di una **Notula di prestazione occasionale di lavoro da presentare nel 730**, fino ai 5000 euro di guadagni annui. Oltre ti occorre la Partita IVA.

. L'emissione di una fattura, appunto, nel caso si apra una "**Partita Iva**", da presentare nel Modello Unico (gestione separata dei liberi professionisti).

Ti spiego meglio di seguito ma, in ogni caso, **fai riferimento al tuo commercialista di fiducia**.

1.9.1. Dichiarazione dei rettiti

Essendo camgirl, abbiamo dei guadagni che dobbiamo dichiarare a fini fiscali. Questo vale sia che siamo già impiegate in altri lavori sia che siamo senza occupazione.

Bisognerà indicare i redditi percepiti nel 730, che sono stati precedentemente documentati con la notula di prestazione occasionale, nella sezione "ALTRI REDDITI" del quadro D.

Invece, per pagare le tasse con il modello F24 (causale CLOC), bisogna prima iscriversi alla piattaforma INPS online per le prestazioni occasionali, e poi comunicare la prestazione lavorativa effettuata.

Prima di iniziare il lavoro, devi attivare online il contratto di prestazione (o collaborazione) occasionale, fornendo le seguenti informazioni:

. *nome e cognome del prestatore;*
. *quanto si riceverà per il lavoro;*
. *dove si svolgerà la prestazione;*
. *quanto tempo durerà;*
. *di che tipo di lavoro si tratta;*
. *in quale settore si opera;*
. *altri dettagli utili per il rapporto lavorativo.*

Per annullare una comunicazione già inserita, si può entrare nell'area dedicata entro 3 giorni dalla data prevista per la prestazione.

1.9.2. Collaborazione occasionale

Per le attività di camgirl che generano un reddito annuo inferiore a 5000 euro, è sufficiente emettere una ricevuta di prestazione occasionale con ritenuta d'acconto al 20%.

La prestazione occasionale è una forma di collaborazione lavorativa non subordinata, regolata dal D.Lgs. 81/2015, che non richiede l'apertura di una partita Iva.

Se invece i tuoi guadagni superano i 5000 euro l'anno, come ti auguro, dovrai aprire una partita Iva e rivolgerti ad un commercialista per le opportune indicazioni.

1.10. Privacy delle Camgirl

Essere camgirl non significa rinunciare alla propria vita sociale o alla propria privacy. Ci sono molti modi per proteggere la propria identità e quella dei propri cari, anche se si ha una famiglia, dei figli, un altro lavoro o delle amicizie.

Per esempio, si può evitare di mostrare il volto o usare degli accessori che lo nascondano, come parrucche, occhiali, mascherine o costumi. Non è necessario mostrare il viso per avere successo come camgirl, anzi, a volte può essere un vantaggio. L'importante è essere creative e divertirsi con la webcam.

Se sei particolarmente preoccupata che la tua vera identità venga rivelata, puoi adottare delle misure per fare in modo che la protezione della tua identità funzioni a tuo favore. Come?

Ecco una possibile riscrittura del tuo messaggio:

Se vuoi lavorare come cam girl senza compromettere la tua privacy e la tua identità, puoi seguire questi semplici consigli per nascondere il tuo viso in webcam:

. Inquadra solo la parte inferiore del viso, così puoi parlare senza farti riconoscere.

. Metti degli occhiali da sole o delle lenti a contatto colorate.
. Usa delle ciglia finte per cambiare il tuo sguardo.

. Copriti con delle mascherine, dei foulard o delle parrucche.

. Scegli dei luoghi insoliti e poco identificabili per le tue trasmissioni.

Gli occhiali possono darti un aspetto completamente diverso, soprattutto se non li usi di solito. Puoi abbinarli a delle lenti a contatto colorate che risaltino con un trucco leggero, un rossetto e una parrucca che completino il look.
Lo stesso vale per le foto e i video privati che vuoi condividere sul sito.

Per nascondere i segni distintivi sul corpo, come i tatuaggi o simili, puoi usare dei fondotinta specifici che si trovano facilmente in profumeria o in farmacia.

Questi prodotti servono anche a camuffare le imperfezioni della pelle o la cellulite.

Una camgirl può anche scegliere di cambiare spesso costume, non per nascondere la sua identità o proteggere la sua privacy, ma semplicemente per divertirsi. O magari può inventare dei personaggi fantastici e curati per catturare l'attenzione degli utenti appassionati di fantasy.

Il sito si occupa anche di garantire la sicurezza dei dati personali durante le transazioni economiche tra utenti e modelle. Il sito agisce come intermediario e salvaguarda la privacy di entrambe le parti.

Per registrarti al sito devi dimostrare di essere maggiorenne inviando un documento valido e altri dati, che saranno protetti e mai divulgati. Questo è un segno di serietà, professionalità e legalità del sito, che garantisce anche l'anonimato totale alla camgirl. Questo dimostra il rispetto della legge e la lotta alla pedofilia da parte della piattaforma.

Non fidarti di altri siti che non ti chiedono il documento o non ti forniscono informazioni dettagliate, perché non sono conformi alla legge. I tuoi dati personali devono essere protetti e non divulgati secondo le vigenti normative europee sulla privacy. Per registrarti alla piattaforma, dovrai inviare una foto in cui si vede il tuo viso e la tua carta d'identità. Accettando i termini e le condizioni d'uso del sito, accetti anche le regole per la sicurezza dei tuoi dati personali.

Dopo aver completato la procedura di iscrizione e inviato il documento, in breve tempo il tuo account sarà attivo e riceverai una mail di benvenuto dal sito con tutte le informazioni per iniziare a guadagnare divertendoti come camgirl e nel massimo anonimato! In più, una volta registrata, potrai accedere facilmente alle opzioni privacy del tuo profilo dal pannello di controllo per nascondere/eliminare la visibilità del tuo profilo in più città e/o in più regioni che sceglierai tu tramite i FILTRI GEO, aumentando così il tuo anonimato.

Nascondere la propria identità può essere anche come una strategia di marketing, creando un alone di mistero intorno a se stessi.

2. IL CAMGIRL MARKETING

Per diventare una camgirl di successo è necessario assolutamente farsi promozione sui vari social networks e questo è un vero e proprio lavoro, che richiede molta abilità, costanza, talento e conoscenze tecniche. Molte modelle e camgirl di successo delegano questa attività ai *Social Media Manager*, ma questo ha un costo, quindi se sei alle prime armi è meglio che fai da te per risparmiare. Insomma, dovrai conciliare il tempo in cam con il tempo per postare contenuti sui social. Molte modelle si concentrano, pertanto, su OnlyFans che permette di postare contenuti, foto e video, senza dover stare in diretta in cam. I fans si abbonano e guardano i contenuti presenti sulla pagina quando voglio, l'importante è che la pagina venga continuamente aggiornata con nuovi contenuti, da promuovere sui social, per attirare vecchi e nuovi fans. Questa strategia, dunque, ti permette di avere più tempo da dedicare al marketing sui social.

Ad ogni modo, ecco su quali social e piattaforme devi promuovere la tua attività di camgirl (oltre ai classici) ed avere anche opportunità di guadagno, se ci saprai fare:

. **Tik Tok**: una piattaforma dove puoi creare e condividere video di breve durata con effetti grafici. Puoi guadagnare grazie alla pubblicità, alle sponsorizzazioni e alle donazioni dei tuoi follower.

. **Reddit**: un sito dove puoi condividere e commentare contenuti testuali o ipertestuali su vari argomenti. Puoi guadagnare grazie ai premi in denaro che ricevi dagli altri utenti per i tuoi post o commenti.

. **Instagram**: una piattaforma dove puoi condividere foto e video con i tuoi follower. Puoi guadagnare grazie alla pubblicità, alle sponsorizzazioni e alle collaborazioni con i brand.

. **YouTube**: piattaforma per guardare e condividere video di vario genere e durata. Puoi guadagnare grazie alla pubblicità, alle sponsorizzazioni, alle donazioni e ai contenuti a pagamento.

. **Clubhouse**: un social network basato sull'audio, dove puoi partecipare o creare delle stanze virtuali per discutere di vari argomenti. Puoi guadagnare grazie alle donazioni dei tuoi ascoltatori o alle collaborazioni con i brand.

. **Pinterest**: una piattaforma dove puoi scoprire e salvare idee per vari progetti creativi. Puoi guadagnare grazie alla pubblicità, alle sponsorizzazioni e al traffico che generi verso il tuo sito o blog.

. **Twitch**: una piattaforma dove puoi trasmettere e guardare video in diretta, soprattutto di videogiochi. Puoi guadagnare grazie alla pubblicità, alle sponsorizzazioni, alle donazioni e agli abbonamenti dei tuoi spettatori.

. **Patreon**: un social network dove puoi creare e condividere contenuti esclusivi per i tuoi fan, che ti sostengono economicamente. Puoi guadagnare grazie alle iscrizioni a pagamento dei tuoi patron o ai contenuti a pagamento che offri.

. **Diaspora**: un social network decentralizzato e basato sul software libero, dove puoi creare e condividere contenuti di vario genere con le persone che segui. Puoi guadagnare grazie alle donazioni dei tuoi follower o alle collaborazioni con i brand.

. **Ello**: un social network creativo e senza pubblicità, dove puoi esprimere la tua arte e il tuo stile. Puoi guadagnare grazie alla vendita dei tuoi prodotti o servizi attraverso il marketplace integrato.

. **Vero**: un social network senza algoritmi e senza pubblicità, dove puoi condividere foto, video, musica e link con i tuoi contatti. Puoi guadagnare grazie alle sponsorizzazioni e alle collaborazioni con i brand.

2.1. I Social che devi sfruttare al massimo per il tuo Marketing

2.1.1. Instagram

Instagram è attualmente il social più utilizzato per promuoversi come camgirl e modella di OnlyFans, perché i suoi utenti sono particolarmente in target per queste attività.

Dunque, se vuoi promuovere la tua attività come camgirl, Instagram è un buon punto di partenza. Con oltre 400 milioni di utenti e quasi 90 milioni di foto condivise ogni giorno, Instagram offre un grande potenziale di visibilità. Inoltre, grazie alle sue funzioni basilari ma potenti, Instagram è meno limitativo di altri social come Facebook.

Per iniziare, devi creare un nuovo account dedicato al tuo lavoro. Pubblica immagini ben curate e riferimenti al tuo nickname con cui ti esibirai in webcam, ma evita di essere troppo esplicita. Non indicare il sito web dove ti esibisci direttamente, altrimenti rischi di essere segnalata e bloccata.

Utilizza gli hashtag per raggiungere un pubblico più ampio e segui altri utenti. Instagram è simile a Twitter, in quanto l'unico modo per far crescere il numero dei tuoi fan è indirizzare il traffico al tuo profilo tramite hashtag e seguendo altri utenti. Instagram è molto popolare tra i millennials, quindi è un'ottima piattaforma per raggiungere questa fascia di età.

Puoi pubblicare sul tuo feed o nelle storie disponibili solo per 24 ore. Puoi anche trasmettere in live streaming. Aggiungi il link del tuo profilo di cam girl alla tua biografia, l'unico luogo su Instagram in cui puoi aggiungere un link esterno.

Pubblica dalle 4 alle 7 volte al giorno in modo continuativo, alternando immagini della tua vita quotidiana e post più provocatori ma sempre sensuali e non di nudo. Rendi sensuali le tue storie e sii costante.

Segui gli utenti che corrispondono ai tuoi interessi e invitali a interagire con i tuoi post. Chiedi loro di condividere i loro pensieri, di commentare, di mettere il "cuore" al tuo post o di inviarti un messaggio diretto se pensi di poterlo gestire. Non seguire troppi account al giorno e non utilizzare una strategia di follow-unfollow troppo aggressiva.

Come camgirl, puoi promuovere la tua attività su Instagram utilizzando diverse strategie di marketing. Ecco alcuni consigli utili:

Crea un profilo dedicato: crea un nuovo account Instagram dedicato al tuo lavoro di camgirl. Assicurati di utilizzare un nome utente e un'immagine di profilo che siano coerenti con il tuo marchio.

Condividi contenuti di qualità: condividi immagini e video di alta qualità che siano interessanti per il tuo pubblico target. Assicurati di utilizzare hashtag pertinenti per aumentare la visibilità dei tuoi post.

Interagisci con il tuo pubblico: rispondi ai commenti e ai messaggi diretti dei tuoi follower e partecipa alle conversazioni in corso. In questo modo, creerai un rapporto di fiducia con il tuo pubblico e aumenterai l'engagement.

Utilizza la pubblicità a pagamento: Instagram offre diverse opzioni di pubblicità a pagamento, come i post sponsorizzati e le storie sponsorizzate. Utilizza queste opzioni per raggiungere un pubblico più ampio e promuovere la tua attività.

Utilizza Instagram Live: utilizza Instagram Live per interagire in tempo reale con i tuoi follower. Puoi utilizzare questa funzione per fare domande e risposte, mostrare il backstage delle tue performance o per promuovere eventuali offerte speciali.

Collabora con altri influencer: cerca di collaborare con altri influencer del tuo settore per aumentare la tua visibilità. Puoi chiedere loro di promuovere il tuo profilo o di fare una collaborazione con te.

Utilizza il link della tua biografia: utilizza il link della tua biografia per indirizzare il traffico al tuo sito di camgirl o ad altre piattaforme di vendita. Assicurati di aggiornare regolarmente il link per promuovere eventuali offerte speciali o promozioni.

Ricorda che **Instagram ha alcune restrizioni riguardo la pubblicazione di contenuti espliciti**. Assicurati di rispettare le regole del social network e di pubblicare solo contenuti che siano coerenti con le sue linee guida, **altrimenti rischi il ban** e questo dopo tanti sforzi per far crescere il tuo profilo è davvero molto frustrante.

2.1.2. TikTok

TikTok è uno dei social in maggiore ascesa, pertanto è necessario presidiarlo per fare marketing. TikTok è diventato famoso grazie ai suoi video brevi ed ha un pubblico giovane e dinamico, che ama i contenuti autentici, divertenti e creativi.

L'utente medio di TikTok trascorre circa 476 minuti al mese sulla piattaforma, seconda solo a Facebook tra le popolari piattaforme social. La maggior parte degli utenti di TikTok sono i cosiddetti "millennial", che tendono a spendere più soldi online rispetto a qualsiasi altra fascia di età.

Se sei già una TikToker attiva anche su un sito di cam, probabilmente hai già notato le similitudini tra lo stile di TikTok e il tuo lavoro come cam girl. Se invece sei nuova in questo campo, potresti trovare difficile la transizione. Tuttavia, non è impossibile!

Per promuovere la tua attività di cam girl su TikTok, il modo migliore è utilizzare hashtag pertinenti. Tuttavia, evita di usare hashtag come #cammodel o #camgirl, poiché questi potrebbero violare le linee guida del social network. Invece, usa hashtag come #Accountant, #TikTokAccountant, #spicytok e #spicycreator. Inoltre, utilizza anche #ForYourPage e #FYP, poiché questi stimolano l'algoritmo di TikTok a consigliare i tuoi video agli utenti che scorrono l'app.

Mantieni la stessa energia quando crei nuovi contenuti, utilizzando canzoni di tendenza per accompagnare i tuoi video e sfruttando tutte le funzionalità che offre il social, come Stitch o Duetto. Il primo consente a un creator di utilizzare una parte del video di un altro TikToker, mentre il secondo consente di pubblicare un video fianco a fianco con quello di un altro creator.

Ricorda che non tutti i tuoi post devono essere promozionali per la tua attività di cam girl. Puoi anche costruire un pubblico basato su interessi comuni, ottenendo comunque un alto potenziale di conversione.

Come camgirl, ci sono alcune strategie di marketing che puoi utilizzare su TikTok per promuovere la tua attività. Ecco alcuni consigli utili:

Crea un profilo dedicato: crea un nuovo account TikTok dedicato al tuo lavoro di camgirl. Assicurati di utilizzare un nome utente e un'immagine di profilo che siano coerenti con il tuo marchio.

Condividi contenuti accattivanti per i giovani: condividi video di alta qualità che siano interessanti per il tuo pubblico target. Utilizza hashtag pertinenti per aumentare la visibilità dei tuoi post.

Utilizza il potere della musica e dei balletti sensuali: la musica e i balletti sono elementi chiave su TikTok. Utilizza canzoni di tendenza per accompagnare i tuoi video e sfrutta le tendenze musicali per aumentare la tua visibilità.

Utilizza le funzionalità di TikTok: utilizza tutte le funzionalità offerte da TikTok, come Stitch o Duetto, per creare video coinvolgenti e stimolare l'interesse del tuo pubblico.

Segui le tendenze: Stai aggiornata sulle ultime tendenze e fai anche tu le stesse challenge e gli stessi balletti, per inseriti nel flusso delle visualizzazioni di massa con i vari hashtag.

Utilizza la pubblicità per far crescere il profilo: anche TikTok offre diverse opzioni di pubblicità a pagamento, come i video sponsorizzati. Utilizza queste opzioni, eventualmente, per far aumentare i tuoi follower e far crescere il tuo profilo.

Collabora con altri creator: cerca di collaborare con altri creator di TikTok per aumentare la tua visibilità. Puoi chiedere loro di promuovere il tuo profilo o di fare una collaborazione con te.

Sfrutta le challenge: lancia o partecipa a delle sfide virali che coinvolgano gli utenti a creare o interagire con i tuoi contenuti.

Ricorda che anche TikTok ha alcune restrizioni riguardo la pubblicazione di contenuti espliciti. Assicurati di rispettare le regole del social network e di pubblicare solo contenuti che siano coerenti con le sue linee guida.

2.1.3. Twitter

Twitter è l'ultima piattaforma che ti suggeriamo, ma non per questo meno importante. Ti permette di far conoscere e valorizzare il tuo lavoro con brevi messaggi. Con 280 caratteri puoi accompagnare una foto o un video accattivanti. Puoi anche usare Twitter per fare sondaggi sulle preferenze dei tuoi fan, per creare una comunità più o meno esclusiva che puoi chiamare un "club".

Molte cam girl usano Twitter perché è uno strumento efficace e versatile. Per promuoverti al meglio come cam girl su questo social, devi prestare attenzione a ogni dettaglio della tua immagine personale, alla foto di copertina e a quella del profilo.

Ti consiglio di pubblicare almeno uno o due tweet al giorno per mantenere i tuoi follower interessati. Puoi parlare in generale della tua vita quotidiana e condividere foto accattivanti e interessanti. Tieni presente che su questo social network hai molta libertà, ma ti consiglio di evitare di pubblicare foto troppo sensuali o esplicite, a meno che non indichi che il tuo profilo è NSFW. Inoltre, chiedi spesso il retweet per aumentare la tua popolarità. Ricorda di includere un link al tuo profilo di camgirl quando pubblichi una foto o un video prima o dopo lo show. Tuttavia, tieni presente che per pubblicare immagini esplicite di nudo devi attivare le impostazioni NSFW del tuo account, altrimenti rischi di essere bannata.

Per indicare il tuo profilo come NSFW su Twitter, segui questi passaggi:

- *Accedi al tuo account Twitter.*
- *Clicca sull'icona del tuo profilo nella barra di navigazione in alto a destra.*
- *Seleziona "Impostazioni e privacy" dal menu a tendina.*
- *Vai su "Privacy e sicurezza".*
- *Scorri fino alla sezione "Tweet con media".*
- *Seleziona la casella accanto a "Contrassegna i media come materiale sensibile".*

Per fare marketing su Twitter, dunque, è necessario creare e pubblicare contenuti di valore per le proprie persone buyer, il proprio pubblico e i propri follower, tenendo conto delle caratteristiche e delle funzionalità specifiche della piattaforma.

Alcuni elementi da considerare sono:

Definisci la tua strategia
Prima di iniziare a utilizzare Twitter per il marketing, devi avere una strategia ben definita. Decide i tuoi obiettivi, il tuo pubblico target e il tipo di contenuti che vuoi condividere.

Crea un profilo accattivante
Il tuo profilo su Twitter deve essere accattivante e professionale. In particolare, gli aspetti importanti da curare sono il nome utente (handle), la foto del profilo, la bio, l'immagine di copertina e il link al tuo sito o pagina di atterraggio (ad es. il tuo profilo OnlyFans).

Pianifica i tuoi contenuti

Per avere successo su Twitter, è importante pubblicare contenuti accattivanti e originali per il proprio target di riferimento. Si possono usare diversi formati, come testo, immagini, video, GIF, sondaggi e thread. Si possono anche sfruttare le tendenze del momento (trending topics) per creare contenuti attuali e rilevanti. Utilizza le hashtag (le parole precedute dal #) per aumentare la visibilità dei tuoi post e partecipa alle conversazioni in corso.

Interagisci con il tuo pubblico

Twitter è una piattaforma basata sulla conversazione e sullo scambio di opinioni. Per creare una relazione con i propri follower e potenziali clienti, è fondamentale rispondere ai loro commenti, domande e feedback, partecipare alle discussioni e aiutare a risolvere i loro problemi. Si possono anche usare le funzioni di retweet, like e citazione per mostrare apprezzamento e coinvolgimento.

Utilizza la pubblicità a pagamento

Twitter offre diverse opzioni di pubblicità a pagamento, come i tweet promossi e i trend sponsorizzati. Utilizza queste opzioni per raggiungere un pubblico più ampio e promuovere la tua attività.

Monitora e analizza i tuoi risultati

Per valutare l'efficacia delle proprie strategie di marketing su Twitter, è essenziale misurare e analizzare i dati relativi alle proprie performance. Si possono usare strumenti come Twitter Analytics o Hootsuite Analytics per ottenere metriche come il numero di follower, l'engagement rate, le impressioni, i clic e le conversioni. Queste informazioni permettono di capire cosa funziona e cosa si può migliorare.

2.1.4. YouTube

YouTube è uno dei siti web più visitati al mondo e avere un proprio canale su questa piattaforma può essere un'ottima opportunità per promuoversi come camgirl. Anche se YouTube non consente contenuti per adulti, ci sono comunque molti video sulla piattaforma che riguardano il mondo delle cam girl e del sesso in generale.

Per creare un canale di successo su YouTube, è importante prestare attenzione alla qualità dei video che si pubblicano. Evita di pubblicare video con scarsa risoluzione o stile amatoriale e fai attenzione a rispettare le policy di YouTube.

Inoltre, non è consigliabile pubblicare link diretti al sito dove ti esibisci, perché alcune piattaforme sono già segnalate e la conseguenza potrebbe essere il blocco dell'account.

Quando pubblichi i tuoi contenuti su YouTube, assicurati di aver selezionato l'opzione "Contenuti soggetti a limite di età" se il tuo video contiene contenuti di natura sessuale. In questo modo, solo gli spettatori maggiorenni potranno visualizzarlo.

Puoi anche creare video che raccontano della tua esperienza come cam girl, in modo da far conoscere meglio il tuo lavoro al pubblico di YouTube. Questi video non devono essere necessariamente di natura sessuale, ma possono comunque attirare l'interesse dei tuoi follower.

Infine, assicurati di filigranare i tuoi video con il tuo nickname o con il nome del sito web dove ti esibisci, in modo che gli utenti sappiano dove trovarti. In questo modo, potrai indirizzare il traffico di utenti paganti al tuo profilo di camgirl.

Ecco alcune strategie di YouTube marketing che possono aiutare una camgirl a promuoversi su questa piattaforma:

Crea video di alta qualità: La qualità dei tuoi video è fondamentale per creare un canale di successo su YouTube. Usa una buona telecamera e assicurati di avere una buona illuminazione e un audio chiaro. Inoltre, fai attenzione alla post-produzione dei tuoi video, per renderli più accattivanti e professionali.

Usa le parole chiave giuste: Utilizza le parole chiave giuste nei titoli e nelle descrizioni dei tuoi video, in modo da rendere più facile per gli utenti trovare i tuoi contenuti. Cerca di capire quali sono le parole chiave più popolari tra il tuo pubblico di riferimento e usale nei tuoi video.

Collabora con altri YouTuber: Collaborare con altri YouTuber può essere un ottimo modo per aumentare la visibilità del tuo canale. Cerca di trovare altri creatori di contenuti che abbiano un pubblico simile al tuo e proponi loro una collaborazione.

Promuovi il tuo canale sui social media: Pubblica i tuoi video su altri social media, come Facebook, Twitter e Instagram, per attirare l'attenzione dei tuoi follower e aumentare la visibilità del tuo canale. Usa anche gli hashtag giusti per raggiungere un pubblico più ampio.

Offri contenuti esclusivi: Offri contenuti esclusivi ai tuoi follower più fedeli, come video in anteprima o materiale bonus. In questo modo, li incoraggerai a rimanere fedeli al tuo canale e a condividere i tuoi video con i loro amici.

2.1.5. Pinterest

Pinterest è una piattaforma dedicata alla condivisione di immagini, fotografie e video che conta oltre 100 milioni di utenti, generando più traffico rispetto a tutti gli altri social network messi insieme. Grazie alla sua maggioranza di pubblico femminile, i tempi di permanenza degli utenti su Pinterest sono superiori rispetto ad altri social, arrivando a sfiorare i 14 minuti.

Anche se Pinterest non è adatto per la pubblicazione di contenuti per adulti, può essere utilizzato per promuoversi come camgirl. Tuttavia, bisogna fare attenzione a non postare contenuti eccessivamente sessuali o espliciti, poiché ciò potrebbe causare il blocco dell'account. Una soluzione per ovviare alla pubblicazione di link a siti per adulti sotto le tue immagini è quella di aggiungere una filigrana alle foto, in modo che gli utenti possano comunque trovare il tuo profilo di camgirl.

Un'altra caratteristica importante di Pinterest sono i Pin, che possono essere condivisi su altre piattaforme come Facebook e Twitter collegando gli account tra loro. Inoltre, se hai un sito web personale, i Pin possono aiutare con l'ottimizzazione nei motori di ricerca, poiché ogni volta che aggiungi qualcosa su Pinterest, crei un nuovo collegamento al tuo sito web, migliorandone il posizionamento nella pagina dei risultati dei motori di ricerca.

Ecco alcune strategie di Pinterest marketing per una camgirl:

Crea bacheche tematiche: organizza le tue foto in bacheche tematiche che rappresentino te e il tuo brand. Ad esempio, potresti creare una bacheca con foto di abbigliamento sexy, una con foto di trucchi e accessori, una con citazioni motivazionali e così via.

Usa descrizioni accattivanti: aggiungi descrizioni dettagliate e accattivanti alle tue immagini, utilizzando parole chiave pertinenti al tuo brand e al tuo lavoro come cam girl.

Aggiungi un link al tuo sito o profilo OF: se hai un sito web personale o un profilo su un sito di cam girl, assicurati di aggiungere il link alle tue foto. In questo modo, gli utenti che visualizzano il tuo contenuto su Pinterest possono facilmente raggiungerti e interagire con te.

Collabora con altre camgirl: creare collaborazioni con altre cam girl può aumentare la tua visibilità su Pinterest. Potreste, ad esempio, creare bacheche condivise in cui pubblicare foto di coppia o organizzare sessioni di scambio di Pin.

Usa parole chiave: utilizza parole chiave pertinenti al tuo brand e al tuo lavoro come camgirl, in modo da apparire nei risultati di ricerca degli utenti che cercano contenuti simili.

Condividi i tuoi Pin su altri social network: condividi i tuoi Pin su altri social network come Facebook e Twitter, in modo da aumentare la tua visibilità e il tuo traffico.

Interagisci con la community: interagisci con gli utenti che interagiscono con i tuoi Pin, rispondendo ai commenti e mettendo mi piace ai loro Pin. In questo modo, puoi creare una community attiva e fedele al tuo brand.

2.1.6. Snapchat

Snapchat è un social network che ti permette di condividere e scambiare foto e video, chiamati snap, che durano al massimo 10 secondi e poi si cancellano automaticamente. Puoi anche creare delle storie, ovvero raccolte di snap che restano visibili per 24 ore ai tuoi contatti.

Per usare Snapchat, devi scaricare l'app gratuita per Android o iOS e registrarti con il tuo nome, cognome, data di nascita, nome utente, password ed email o numero di telefono. Dopo aver verificato la tua identità con un codice di conferma, puoi iniziare a scattare foto o video premendo il pulsante con la fotocamera e aggiungere effetti, filtri, testi ed emoji.

Per inviare uno snap a un contatto, devi selezionarlo dalla lista dei tuoi amici e impostare il tempo di visualizzazione tra 1 e 10 secondi. Puoi anche inviare uno snap a più contatti contemporaneamente o pubblicarlo nella tua storia.

Per vedere gli snap che ti arrivano, devi andare nella sezione Chat e toccare il nome del contatto che te li ha inviati. Ricorda che puoi vedere uno snap solo una volta e per il tempo impostato dal mittente. Se vuoi salvare uno snap sul tuo dispositivo, devi fare uno screen-shot prima che si cancelli.

Snapchat ti permette anche di chattare con i tuoi contatti in tempo reale, usando testo, immagini, video, adesivi ed emoji. Puoi anche fare chiamate vocali o videochiamate con uno o più amici.

Snapchat è un social network divertente e originale, che ti consente di esprimerti in modo creativo e spontaneo. Se vuoi saperne di più su come funziona Snapchat, puoi consultare le risorse che ho trovato per te nei risultati della ricerca.

Come camgirl, **Snapchat può essere un ottimo strumento per farti conoscere ed aumentare la tua fanbase**.

Ecco alcuni consigli su come puoi promuovere i tuoi account da camgirl e OnlyFans su Snapchat:

Creare un account Snapchat pubblico: Crea un account Snapchat pubblico in modo che le persone possano trovarti facilmente e seguirti. Assicurati di utilizzare un nome utente che ti rappresenti e che sia facilmente riconoscibile.

Promuoviti sui social media: Utilizza i tuoi account sui social media per promuovere il tuo account Snapchat. Puoi pubblicare link al tuo account Snapchat su Twitter, Instagram, TikTok e altre piattaforme.

Crea contenuti di alta qualità: Snapchat è una app basata sui contenuti, quindi è importante creare contenuti di alta qualità per attirare l'attenzione dei tuoi follower. Usa filtri, emoji, testo e altri strumenti per rendere i tuoi snap interessanti e coinvolgenti.

Collabora con altre camgirl: Collabora con altre camgirl e scambiatevi shoutout sui rispettivi account Snapchat. In questo modo potete entrambe promuovere i vostri account e raggiungere nuovi follower.

Offri contenuti esclusivi: Offri ai tuoi follower su Snapchat contenuti esclusivi che non possono trovare altrove. Ad esempio, puoi condividere anteprime dei tuoi spettacoli o dare loro accesso a foto e video più intimi.

Offri promozioni esclusive: Offri ai tuoi follower su Snapchat promozioni esclusive, come sconti sui tuoi spettacoli o sulle tue foto e video. Questo renderà il tuo account Snapchat ancora più attraente per i tuoi follower e li motiverà ad acquistare i tuoi servizi.

Utilizza gli Snapcode: Gli Snapcode sono QR code personalizzati che permettono ai tuoi follower di aggiungerti facilmente su Snapchat. Puoi promuovere il tuo Snapcode sui tuoi account social e sul tuo sito web per rendere più facile ai tuoi fan seguirti su Snapchat.

2.1.7. Facebook

Essere una camgirl su Facebook non è facile a causa delle restrizioni imposte dalla piattaforma. La maggior parte dei link che portano a siti per adulti sono già segnalati e bloccati, e la probabilità di essere bannata è elevata.

L'unico modo per ottenere risultati è attraverso le inserzioni sponsorizzate a pagamento. Tuttavia, le pagine e i gruppi sono soggetti agli algoritmi di Facebook, e la visibilità potrebbe essere limitata dopo il primo messaggio di sponsorizzazione.
Inoltre, Facebook è bravo a suggerire gli amici, quindi devi stare attenta a quali informazioni condividi per evitare che amici e familiari trovino il tuo profilo.
Per far crescere la tua community su Facebook, hai due opzioni: utilizzare il tuo account utente o creare una pagina dedicata. I profili presentano maggiori rischi per la privacy, ma le pagine richiedono meno manutenzione e forniscono analisi giornaliere complete delle visite. Indipendentemente dalla scelta, interagisci con i tuoi fan e rispondi ai loro commenti e messaggi.
Programma la pubblicazione dei post in modo mirato, pubblicando quando la maggior parte dei tuoi follower è attiva. Inoltre, evita contenuti espliciti poiché Facebook è bravo nell'identificarli e gli utenti sono ansiosi di segnalare gli account.

2.2. Le App di Messaggistica Istantanea: WhatsApp e Telegram

WhatsApp e **Telegram** sono due app di messaggistica istantanea che ti permettono di comunicare con i tuoi contatti usando testo, immagini, video, audio, documenti e altri tipi di contenuti. Entrambe le app sono gratuite e disponibili per Android e iOS, ma hanno anche delle differenze che ti spiego qui di seguito.

Sicurezza. WhatsApp usa la crittografia end-to-end per tutte le conversazioni, il che significa che solo i partecipanti possono leggere i messaggi scambiati. Telegram usa la crittografia end-to-end solo per le chat segrete, una modalità speciale che consente anche di impostare un timer per l'autodistruzione dei messaggi. Le chat normali di Telegram sono crittografate solo tra il dispositivo e il server.

Privacy. WhatsApp richiede di associare il proprio account a un numero di telefono reale, che è visibile agli altri utenti. Telegram permette di usare un nome utente al posto del numero di telefono, rendendo più facile proteggere la propria identità. Inoltre, Telegram offre più opzioni per personalizzare la privacy delle chat, come il blocco degli screenshot, la tastiera in incognito e la password per le chat.

Personalizzazione. WhatsApp e Telegram offrono entrambe la possibilità di inviare GIF animate, adesivi ed emoji. Tuttavia, Telegram ha una maggiore varietà di questi elementi e permette anche di creare i propri adesivi personalizzati. Inoltre, Telegram consente di cambiare lo sfondo e il tema delle chat, mentre WhatsApp ha solo due modalità: chiara e scura.

Condivisione. WhatsApp e Telegram consentono ai loro utenti di inviare qualsiasi tipo di contenuto, da documenti di testo a immagini, video, contatti del calendario o posizione geografica. Tuttavia, tramite Telegram è possibile inviare contenuti aggiuntivi dai bot, ovvero dei programmi automatizzati che offrono vari servizi come giochi, notizie, meteo e altro. Inoltre, Telegram ha un limite di dimensione molto più alto per i file inviati: fino a 2 GB contro i 100 MB di WhatsApp.

Gruppi. WhatsApp e Telegram permettono di creare gruppi di chat con più persone, ma con capacità diverse. WhatsApp ha un limite massimo di 256 partecipanti per gruppo, mentre Telegram ne può ospitare fino a 200.000. Inoltre, Telegram offre la possibilità di creare dei canali pubblici o privati dove solo gli amministratori possono inviare messaggi e gli altri utenti possono solo leggerli.

WhatsApp e **Telegram** offrono la possibilità di creare chatbot, ovvero programmi che possono interagire con gli utenti in modo automatico e personalizzato.

I CHATBOT possono essere usati per il marketing in diversi modi, ad esempio:

. Per inviare notifiche, promozioni, aggiornamenti e contenuti utili ai tuoi clienti o potenziali clienti.

. Per fornire assistenza, supporto e informazioni ai tuoi clienti o potenziali clienti.

. Per raccogliere feedback, opinioni, dati e contatti dai tuoi clienti o potenziali clienti.

. Per creare una community di fan, follower e influencer attorno al tuo brand.

. Per vendere prodotti o servizi direttamente dalla chat.

Per creare e gestire i chatbot su WhatsApp e Telegram puoi usare diversi software, ad esempio:

. **BotSailor**: un software che ti permette di creare chatbot per WhatsApp e Telegram in modo semplice e intuitivo, con diverse funzionalità come il live chat, il broadcasting, il drip messaging, il catalogo e-commerce e le integrazioni con altri servizi.

. **ManyChat**: un software che ti permette di creare chatbot per WhatsApp e Telegram con una interfaccia drag-and-drop, con diverse funzionalità come il live chat, il broadcasting, il drip messaging, le landing page e le integrazioni con altri servizi.

. **Chatfuel**: un software che ti permette di creare chatbot per Telegram con una interfaccia drag-and-drop, con diverse funzionalità come il live chat, il broadcasting, il drip messaging, le landing page e le integrazioni con altri servizi.

Come promuoversi su WhatsApp e Telegram?

Promuoversi su WhatsApp e Telegram potrebbe essere un po' più difficile rispetto ad altre piattaforme di social, in quanto queste applicazioni di messaggistica sono progettate principalmente per le **comunicazioni private** tra amici e familiari. Tuttavia, ci sono ancora alcuni modi per promuovere il proprio account di camming su queste piattaforme:

Invia messaggi diretti alle persone con cui hai già una relazione: se hai già costruito una relazione con qualcuno su WhatsApp o Telegram, ad esempio attraverso una conversazione o scambio di messaggi, puoi considerare di inviare loro un messaggio diretto con un link al tuo profilo OnlyFans o al tuo sito di camming.

Creare un gruppo di chat: su entrambe le piattaforme, puoi creare un gruppo di chat e inviare un invito a potenziali fan e follower. Potresti anche promuovere il tuo gruppo di chat sui social media o sul tuo sito web.

Creare contenuti esclusivi: per incentivare le persone a seguirti su WhatsApp o Telegram, potresti creare contenuti esclusivi che saranno disponibili solo su queste piattaforme di messaggistica. Ad esempio, puoi inviare foto o video in anteprima, oppure organizzare sessioni di chat private con i fan.

Utilizza gli stati: sia WhatsApp che Telegram offrono la possibilità di creare stati che durano 24 ore. Puoi utilizzare questa funzione per pubblicare foto o brevi video per promuovere il tuo account di camming o il tuo sito.

In ogni caso, ricorda di rispettare sempre le regole di WhatsApp e Telegram e di non inviare spam o contenuti troppo espliciti.

3. TUTTI I SEGRETI DI ONLYFANS

OnlyFans è una piattaforma di social media che permette ai propri utenti di vendere contenuti, inclusi quelli espliciti.

Con la pandemia, molte persone senza lavoro hanno visto in OnlyFans una possibilità per guadagnare facilmente denaro.

La piattaforma, con sede a Londra, **offre un servizio di intrattenimento a pagamento in abbonamento**.
I creatori di contenuti possono guadagnare denaro grazie agli utenti che si iscrivono ai loro contenuti, ovvero i fan.

OnlyFans è popolare nel settore dell'intrattenimento per adulti, ma ospita anche contenuti di altri generi come esperti di fitness, cucina, attori, musicisti ed altri tipi di creatori che pubblicano regolarmente online.

OnlyFans consente ai creatori di contenuti di ricevere finanziamenti direttamente dai loro fan su base mensile, anche senza dover passare delle ore in live cam, dato che si possono caricare direttamente contenuti video e foto, già preparati. Questo può risultare meno faticoso ma è comunque stressante perché **bisogna produrre costantemente nuovi contenuti per i propri abbonati.**

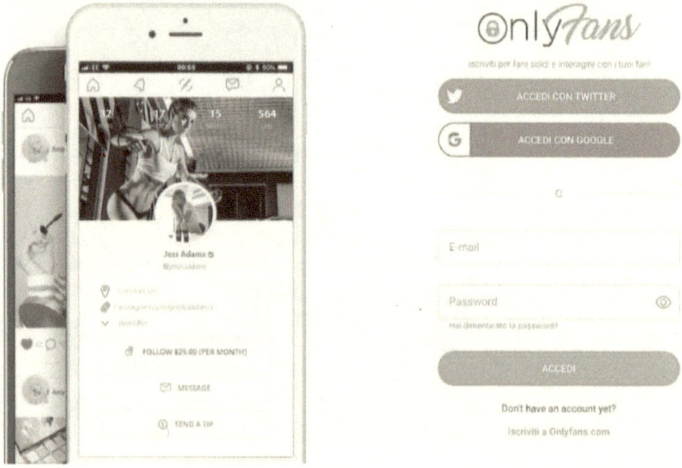

OnlyFans ha una politica meno restrittiva rispetto ad altre piattaforme e consente agli utenti di condividere le proprie foto seminude o completamente nude in cambio di una quota associativa mensile.

La piattaforma paga l'80% delle commissioni riscosse al creatore dei contenuti, trattenendo il restante 20%. Questa percentuale, come abbiamo già visto, è molto vantaggiosa rispetto alle classiche piattaforme di camgirl.

Il principale problema di OnlyFans è la mancanza di visibilità all'interno della piattaforma, perché se cerco una persona tramite il "Search", inserendovi nome e cognome, non mi da alcun risultato. Ad esempio, se scrivo "Antonella Mosetti", non la trova. Quindi, posso approdare sulla pagina della showgirl sollo attraverso il relativo link, che devo reperire altrove. Solitamente, andando sul profilo Instagram di una persona che è su OnlyFans, vi trovo il link in bio.

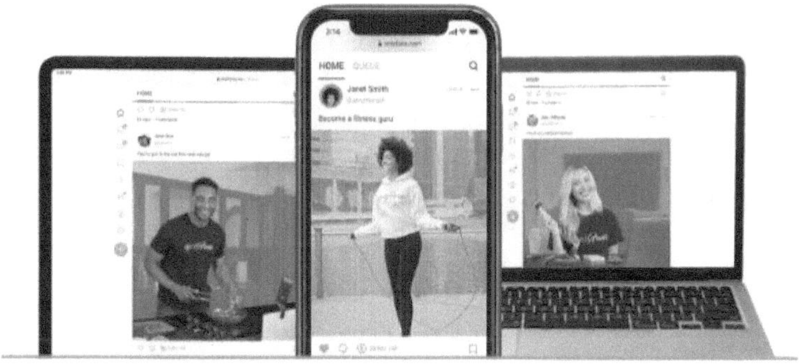

Per ovviare a questo problema, dunque, è necessario associare il proprio account OnlyFans ad altri profili social, stando attenti a non farsi bannare da questi. Tuttavia, ci sono numerosi trucchi e strategie di marketing che possono aiutare i creatori di contenuti ad avere successo e guadagnare bene su OnlyFans.

3.1. Nascita ed esplosione del fenomeno OnlyFans (OF)

OnlyFans è stato lanciato nel 2016 come sito web per creatori, che permette ai loro follower di iscriversi tramite una tariffa mensile per accedere a clip e foto private. La società madre è la *Fenix International Limited.* Nel 2017, la modella e attrice americana *Courtney Stodden*, ha invitato i propri follower sui social a iscriversi al suo profilo OnlyFans. Nel 2018, *Megan Barton Hanson*, una concorrente del reality show *Love Island*, ha pubblicato propri video di nudo su OF.

Nel gennaio 2020, la ventenne statunitense *Kaylen Ward* ha raccolto, tramite OnlyFans, oltre un milione di dollari in contributi in beneficenza durante gli incendi in Australia. OnlyFans ha collaborato con lei, segnando la prima collaborazione per una causa benefica.

Nel maggio 2020, dopo che il sito è stato menzionato da *Beyoncé* nel remix della canzone di *Megan Thee Stallion*, Savage (Remix), il CEO *Tim Stokely* ha dichiarato a *BuzzFeed News* che "il sito sta avendo circa 200.000 nuovi utenti ogni 24 ore e da 7.000 a 8.000 nuovi creatori ogni giorno". Sempre nel maggio 2020, OnlyFans ha annunciato una partnership con *Demon Time Social Media* per creare un night club virtuale monetizzato, utilizzando la funzione live a doppio schermo dei siti.

Bella Thorne ha stabilito un nuovo record su OnlyFans, quando ha guadagnato più di 1 milione di dollari entro 24 ore dall'iscrizione alla piattaforma nell'agosto 2020 e più di 2 milioni di dollari in meno di una settimana.

3.2. Come guadagnare su OnlyFans

L'unico modo per guadagnare con OnlyFans è ottenere abbonamenti da utenti, fan e follower attraverso la promozione del proprio profilo online. Ciò può essere fatto tramite un'agenzia OnlyFans, utilizzando i social più famosi come Twitter ed Instagram, oppure attraverso il posizionamento SEO.

Ecco 7 cose da fare per guadagnare su OnlyFans:

- *Promuovi il tuo profilo OnlyFans online su tutti gli altri social.*
- *Considera l'idea di rendere il tuo account gratuito, almeno in una fase iniziale, proponendo contenuti soft.*
- *Imposta il giusto prezzo di abbonamento (si consiglia di offrire un abbonamento gratuito di un mese per chi inizia da zero).*
- *Pubblicizza i tuoi contenuti con le campagne Ads dei vari social e fai campagne promozionali durante tutto l'anno.*
- *Conosci il tuo pubblico e fidelizzalo, parlando con i tuoi fan.*
- *Prova i PPV, ovvero i messaggi privati a pagamento inviati dai creator di OnlyFans ai propri abbonati con contenuti esclusivi.*
- *Collabora con altri creator per ottenere visibilità dagli abbonati di ognuno.*

Per promuovere il proprio profilo OnlyFans, molti artisti, celebrità e influencer inseriscono il link ad OnlyFans nella loro bio sui social, come Instagram, per traghettare fan e follower dai social mainstream ad OF. È importante avere una forte e consolidata fanbase attiva su altri social network. L'interazione con i propri fan è importante su OnlyFans, quindi gestire personalmente il proprio profilo è fondamentale.

Per avere successo e guadagnare su OnlyFans, è possibile rendere il proprio account gratuito per il primo mese per consentire un seguito più elevato. È possibile utilizzare la funzione Pay-Per-View per monetizzare i singoli post.

Pubblicare regolarmente contenuti è importante per mantenere vivo l'interesse dei fan e utilizzare sondaggi e analisi per capire cosa vogliono i propri follower. È possibile fare campagne promozionali e collaborare con altri creator per ottenere visibilità dagli abbonati di ognuno.

3.3. Quanto si può guadagnare con OnlyFans?

Una domanda molto interessante riguarda le potenzialità di guadagno su OnlyFans. Dal punto di vista matematico, il calcolo è abbastanza semplice. Considerando una base di fan abbastanza fidelizzata di 1000 follower, circa l'1% - 5% dei fan si iscriveranno al tuo OnlyFans con un abbonamento che varia tra $4,99 e $49,99, si possono aspettare guadagni mensili compresi tra $50 e $2500. Tuttavia, è importante sottolineare che si tratta di stime indicative e il guadagno effettivo può variare.

OnlyFans Rich List

Which Celebrities are Earning the Most on OnlyFans Right now?

Rank	Celebrity	Industry	Instagram Followers	OnlyFans Subscription	OnlyFans Earnings* (£ per month)
1	Blac Chyna	TV	16.3M	£39.43	£15,418,259
2	Bella Thorne	TV	23.8M	£15.77	£9,013,128
3	Cardi B	Music	75.8M	£3.93	£7,158,487
4	Tyga	Music	20.8M	£11.79	£5,896,939
5	Mia Khalifa	Porn	21.7M	£9.45	£4,920,033
6	Erica Mena	TV	5.2M	£27.60	£3,442,505
7	Pia Mia	Music	6M	£11.82	£1,701,040
8	Safaree Samuels	Music	3.1M	£19.71	£1,466,154
9	Megan Barton-Hanson	Influencer	1.7M	£19.71	£807,559
10	Casanova	Music	1.7M	£19.71	£805,950

Secondo una recente statistica di XSRUS, **il guadagno medio dei creatori di OnlyFans si attesta sui 180 dollari al mese**, escluse le mance. Questo potrebbe sembrare basso,

ma considerando che ci sono più di un milione di creatori di contenuti, la maggior parte non ha un pubblico così fidelizzato da guadagnare molto. D'altro canto, ci sono delle super influencers con un engagement rate formidabile e con migliaia, se non decine di migliaia di abbonati, che guadagnano molto di più. In realtà, **solo l'1% dei performers guadagna il 33% di tutte le entrate della piattaforma**, il che dimostra che le top influencers hanno un potere notevole anche su OnlyFans. Se pensiamo a super influencer con oltre 1 milione di follower, i guadagni mensili potrebbero oscillare tra i $50.000 e i $2.500.000, sempre considerando la fidelizzazione del proprio pubblico e la qualità dei contenuti offerti.
Dalle testimonianze presenti sul web si può leggere di persone che, nel mercato italiano, guadagnano dai 10.000 € ai 300.000 € al mese condividendo foto e video su OnlyFans.
In America, la celebre attrice e cantante **Bella Thorne** (in foto), ha guadagnato ben 2 milioni di dollari pochi giorni dopo l'attivazione del suo profilo sulla piattaforma nell'agosto 2020.

A livello italiana, come accennato all'inizio di questo libro, la prosperosa creatrice di contenuti **Mady Gio** ha dichiarato di guadagnare in media 100.000 € al mese.

Il guadagno dipende da diversi fattori, tra cui il numero di fan, che deve essere costruito per avere un seguito e un buon profitto. Inoltre, la quantità di tempo dedicata all'account e alla produzione di contenuti di alta qualità è importante per la monetizzazione. L'interazione con i fan è altrettanto essenziale per creare legami forti e duraturi e garantirsi profitti a lungo termine.

La capacità di gestire il marketing e la pubblicità sui canali social è fondamentale per ottenere un ottimo lavoro e guadagni considerevoli.

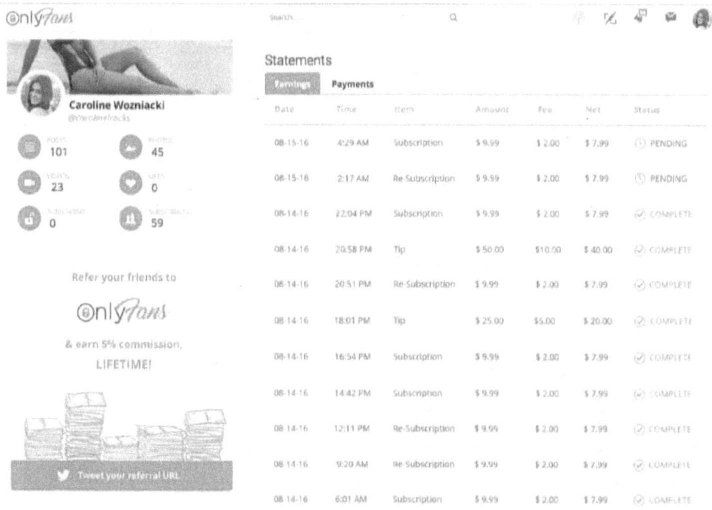

Per stabilire il prezzo di abbonamento, si consiglia di considerare un prezzo ragionevole tra i 9,99 e i 15,99 $, a seconda del tipo di contenuti e del programma di pubblicazione. Il prezzo deve essere abbastanza elevato per far percepire ai fan di acquistare un prodotto di qualità, ma conveniente rispetto ai costi dei PPV.

3.3.1. Il caso di Kaya Corbridge

Kaya Corbridge, una giovane di soli 23 anni, ha guadagnato oltre 35.000 euro al mese attraverso il sito OnlyFans, vendendo foto di se stessa. Tutto è iniziato dopo che ha abbandonato il suo corso di laurea presso la Leeds Beckett University, in Inghilterra, per concentrarsi sulla creazione di contenuti da vendere online.

Le sue foto includono scatti di nudo, fotografie dei suoi piedi e diverse altre richieste sensuali, anche particolari. Alcuni utenti, infatti, hanno chiesto alla ragazza di mettere una fetta di pane nella scarpa, camminarci sopra per un giorno e poi inviargli le briciole. Kaya ha dichiarato che ha aperto il suo account OnlyFans per gioco e che non avrebbe mai pensato che avrebbe cambiato così radicalmente la sua vita.

Nel primo anno ha guadagnato oltre 300.000 euro, con un guadagno mensile di 35.000 euro. Ha utilizzato il suo guadagno per acquistare la sua prima casa del valore di circa 150.000 euro, con due camere da letto, cucina, due bagni, un balcone e un giardino, e ora ha intenzione di acquistare anche una seconda proprietà.

Ha viaggiato in 20 paesi, portando sua madre a Parigi, in Polonia e a Barcellona, e trascorrendo alcuni mesi in Australia. È incredibile come la vendita di qualche foto possa cambiare così radicalmente la vita di una persona.

3.4. I Profili più seguiti su OnlyFans in Italia

Un ottimo metodo per avere successo, in ogni settore, è prendere spunto da quelli bravi che hanno già ottenuto successo, carpendone i segreti, i trucchi e i talenti. Dunque, in questo paragrafo, ti svelo un po' di profili OnlyFans italiani top.

Partiamo dalla succitata **Mady Gio**, ex cameriera, oggi seguitissima su OnlyFans grazie al suo enorme decolté ed all'immagine da ragazza della porta accanto. Ha fatto passare molto tempo prima di mostrare il seno nudo, per scelta, onde far crescere al massimo l'attesa tra i suoi fans. Oggi vive in Svizzera, sostenendo un tenore di vita molto alto, grazie a guadagni in media superiori ai 100k mensili.

Alessia Andra Mucci, nata a Pescara nel 1988, laureata in ingegneria aerospaziale. In passato ha lavorato come pasticciera e barista, poi si è dedicata alla carriera di modella e web influencer. Il suo profilo Instagram ha raggiunto più di 6 milioni di follower, molti dei quali la seguono anche su OnlyFans dove ha raggiunto ben 149K di Like.

Liana Volpi, classe 1980. È una cantante, attrice, indipendente e intraprendente. Molto apprezzata sui social come Instagram dove posta foto molto succinte. Ha raggiunto su OnlyFans ben 100.4K Like.

Federica Pacela, ex concorrente di "*Ex on the Beach*", già famosa su Instagram, oggi sono molto apprezzati i suoi contenuti su OnlyFans. Ha raggiunto su OnlyFans ben 85.6K Like.

Martina Smeraldi, è una giovane e popolare attrice di film per adulti, diventando anche una delle muse dell'attore Rocco Siffredi. Ha raggiunto su OnlyFans ben 70.2K Like.

Lucy L3in, è una giovanissima ragazza di origine milanese. Proviene dal mondo del cosplay, lei si definisce una streamer variety, che si cimenta in diverse attività come ginnastica, danza, just chatting e ASMR (Autonomous Sensory Meridian Response). È molto popolare anche su Twitch, dove in particolare vengono pubblicati video ASMR. Ha raggiunto su OnlyFans ben 70.1K Like.

Danila Cattani, famosa Bodybuilder italiana e modella, vanta ben 128k follower su Instagram, presente anche su OnlyFans dove il suo profilo è molto apprezzato dai fans. Ha raggiunto su OnlyFans ben 47.8K Like.

Francesca Brambilla, è nata a Bergamo nel 1992. È una famosa showgirl, ha cominciato gareggiando a vari concorsi di bellezza, attualmente è nota soprattutto per la sua partecipazione al programma di Canale 5 "Avanti un altro" vestendo i panni della "Bona Sorte". Il cantante Gué Pequeno è stato uno dei suoi noti fidanzati. Ha raggiunto su OnlyFans ben 46.4K Like.

Con i suoi 44K Like su OnlyFans, **Matilde Manucci**, nata nel 1999, è una delle poche ragazze che risponde personalmente a tutti i messaggi dei sui fans. Sul suo profilo è possibile trovare contenuti molto espliciti, foto e video. Ha raggiunto su OnlyFans ben 44K Like.

Elena Berlato, già famosa sul social Network Instagram nel quale vanta ben 1M di follower, presenta anche su OnlyFans dove riscuote molto successo. Ha raggiunto su OnlyFans ben 37K Like.

Ylenia De Bellis, famosa modella italiana e brand ambassador di 26 anni, vanta ben 690K di follower su Instagram, presente anche su OnlyFans. Ha raggiunto su OnlyFans ben 36.4K Like.

Elena Morali, è una showgirl italiana. Molti se la ricorderanno al reality show "*L'Isola dei Famosi*" oppure al game show "*La Pupa e il Secchione*". Della sua vita privata sappiamo che è stata fidanzata con il comico Gianluca Fubelli, noto come Scintilla, e con Luigi Mario Favoloso, ex concorrente del "Grande Fratello" ed ex compagno di Nina Moric. Ha raggiunto su OnlyFans ben 30.7K Like.

La famosissima **Malena "La pugliese"**, attrice hard italiana, è presente su OnlyFans con un discreto successo. Ha raggiunto su OnlyFans ben 30.1K Like.

Elonora Bertoli, vanta 1.4M di follower su Instagram, ma anche su OnlyFans i suoi contenuti sono apprezzatissimi. Ha raggiunto su OnlyFans ben 26.1K Like.

Alessandra Sironi, è nata in Venezuela, ma ha origini italiane. Si è laureata in Scienze della Comunicazione. In passato ha lavorato come direttore creativo e regista, poi come modella. È anche una ballerina, fotografa, scrittrice e naturalmente anche influencer sui principali social come Instagram. Ha raggiunto su OnlyFans ben 21.4K Like.

L'influencer italo-brasiliana, **Naomi De Crescenzo**, modella italo brasiliana di 27 molto attiva su OnlyFans. Ha raggiunto su OnlyFans ben 18.5K Like.

Giada Robin, modella e cosplayer italiana già molto famosa su Instagram, molto richiesta anche su OnlyFans. Ha raggiunto su OnlyFans ben 10.8K Like.

Alex Palmieri, è un cantante, cantautore, performer. Attualmente è uno degli artisti indipendenti più influenti del web, è molto apprezzato anche all'estero. Ha partecipato al programma "Social King 2.0", un talent show andato in onda su Rai 2 e al programma "*Uomini e Donne*", al trono gay. Ha raggiunto su OnlyFans ben 13.2K Like.

Martina Vismara, è una giovane e popolare youtuber, influencer e modella di origine milanese. Su Instagram è seguita da 3,6 milioni di followers. Ha raggiunto su OnlyFans ben 10K Like.

Luigi Mario Favoloso, è nato a Torre del Greco, provincia di Napoli, nel 1988. È un modello, imprenditore e personaggio televisivo, ha partecipato al "*Grande Fratello 15*". È stato fidanzato con la modella Nina Moric e con Elena Morali. Ha raggiunto su OnlyFans ben 8.3K Like.

Abbiamo concluso la lista dei profili più famosi in Italia su OnlyFans, ma ne ho citati solo una minima parte.

3.5. Rischi di OnlyFans

Il Content Creator è un lavoro dove è importante essere consci e sicuri di se stessi, in modo tale da tutelarsi, dato che ci si espone in prima persona, specialmente se si pubblicano contenuti in intimo o nudi.

Purtroppo, ci potrebbero essere persone che, ad esempio, scaricano illegalmente video oppure li registrano dallo schermo e se ciò accade non c'è nessuno che ti avvisa. Parliamo dunque di **pirateria informatica e hackeraggio**.

Questo materiale potrebbe girare su internet ed essere pubblicato sulle piattaforme di contenuti per adulti, senza che tu possa riuscire a rintracciare chi lo fa. Oltretutto è anche molto difficile far rimuovere dal web i contenuti rubati.

Su OnlyFans si paga una *fee* che dovrebbe tutelare dal furto d'identità e dall'acquisizione di copyright.

3.6. Come incassare i soldi da OnlyFans?

Una volta che il tuo account OnlyFans è stato approvato, puoi aggiungere le tue informazioni bancarie per iniziare a guadagnare.

Il social utilizza un sistema di pagamento diretto, il che significa che non ci sono parti terze coinvolte. Una volta che hai inserito i tuoi dati bancari nel tuo account OnlyFans (come l'IBAN e il codice SWIFT), il pagamento verrà accreditato tramite bonifico bancario.

In alternativa, puoi utilizzare un account Paxum, un servizio di pagamento canadese che consente alle aziende di pagare i loro affiliati in tutto il mondo a basso costo. In questo modo, la piattaforma garantisce una notevole privacy, mantenendo separati gli scambi di informazioni tra il creatore di contenuti e l'utente abbonato.

Per quanto riguarda la soglia minima di guadagno come creatore, devi aver guadagnato almeno 20$ dagli abbonamenti o dalle visualizzazioni. Fino ad allora, non sarai autorizzato a ricevere pagamenti sul tuo conto bancario.

Se non hai ancora nessun iscritto, non preoccuparti. Continua a pubblicizzarti, come vedremo nel prossimo capitolo, e pubblica sempre nuovi contenuti.

OnlyFans è sicuro per la privacy?

Assolutamente sì! Se hai intenzione di acquistare un abbonamento, puoi essere sicuro che i tuoi dati bancari saranno trattati in base alle norme vigenti sulla tutela dei dati sensibili. OnlyFans utilizza un sistema di elaborazione dei pagamenti garantito, e nessuno, compreso il sito, sarà in grado di vedere i dettagli della tua carta. Quindi, non preoccuparti di nulla.

3.7. Come trovare una modella su OnlyFans?

Come ti ho già anticipato, **OnlyFans, per motivi di privacy, non ha una funzione di ricerca come gli altri social network**. Per trovare un determinato profilo o verificare se qualcuno è su OnlyFans, ci sono due metodi principali:

1. Puoi visualizzare alcuni dei profili più popolari su OnlyFans andando sulla homepage del sito. Questo è un ottimo modo per scoprire le persone che già hanno successo sulla piattaforma, ma non è il metodo migliore per trovare nuovi profili. Se non ti piace quello che vedi nella lista, puoi semplicemente aggiornare la pagina per vedere altri profili. Tuttavia, ricorda che vedrai solo una piccola porzione di tutte le persone iscritte su OnlyFans.

2. Il metodo migliore per trovare fantastici profili su OnlyFans è di andare sui social media come Twitter e Instagram e cercare dei tag nella barra di ricerca. È molto probabile che almeno l'80% di tutti i top creator e influencer su questi social media abbia anche un profilo su OnlyFans. Se sei interessato a una persona specifica, puoi andare sul suo profilo Instagram e controllare la biografia per vedere se ha pubblicato il proprio link di OnlyFans.

Al momento ci sono già molte Vip italiane su OnlyFans, come, ad esempio:

Antonella Mosetti, ex volto di *Non è la Rai*, ex gieffina, ex prima ballerina di Ciao Darwin. Anche la pupa **Elena Morali** ha un account del sito web. Altre celebrità ed influencers che hanno OnlyFans sono la modella **Claudia Romani, Elena**

Berlato, Federica Pacela, Francesca Brambilla (volto di Avanti un altro!) e la meteorina **Vanessa Minotti**.
Anche l'ex gieffino e pupo dell'ultima edizione de 'La Pupa e il Secchione Show', **Denis Dosio** ha un account OnlyFans. Di recente anche un'altra ex pupa, ma del passato, ha aperto un profilo sulla piattaforma, **Francesca Lukasik**.
Tra le più seguite sulla piattaforma, top 0,9%, con all'attivo più di un migliaio di fans su OF, troviamo **Matilde Manucci**, classe 1999, una delle ragazze più genuine che si possano trovare sul social network azzurro. Seguitissime le sensuali **Martina Vismara** e **Naomi De Crescenzo**.
Ad essere presenti sulla piattaforma anche **Chiara Nutaj** e **Nanda Alfi**, protagoniste di 'Ti spedisco in convento 2'.

E la lista si allungherà sempre di più!

3.8. Alternative ad OnlyFans

Si può essere bannati anche su OnlyFans e per questo è bene conoscere le alternative a questa piattaforma.
Anche OnlyFans ha le sue regole e tra queste vi è una che vieta le modelle di creare contenuti con i propri utenti. La content creator Michele C. non lo sapeva ed aveva creato un contest con i suoi fans appositamente finalizzato alla creazione di nuovi contenuti con essi. Purtroppo, puntuale è arrivato il ban ma Michelle non si è scoraggiata e si è trasferita su una piattaforma alternativa: **Fansly**.

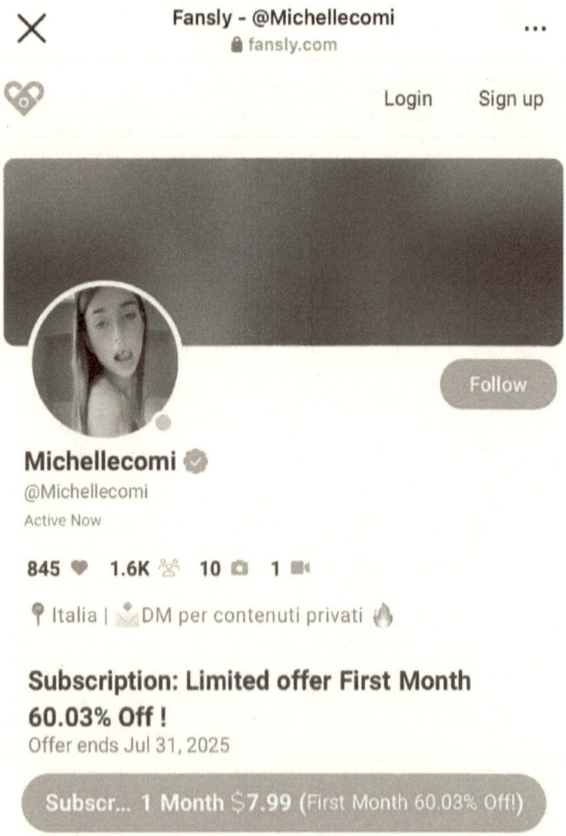

Esistono diversi siti simili ad OnlyFans. Alcuni di questi sono:

Fansly: funziona in questo modo: i creatori di contenuti possono creare un profilo nel quale condividere contenuti per adulti e richiedere una quota mensile ai loro fan per accedere ai loro contenuti esclusivi. I fan possono scegliere i creatori che preferiscono e pagare per vedere i loro contenuti.
I creatori possono anche vendere contenuti PPV (pay-per-view) e ricevere regali dai loro fan 3. Fansly trattiene il 20% dei guadagni dei creatori e paga il resto tramite bonifico bancario o PayPal. Fansly aggiunge automaticamente una filigrana in tutti i contenuti multimediali pubblicati dai creatori per proteggere i loro diritti.

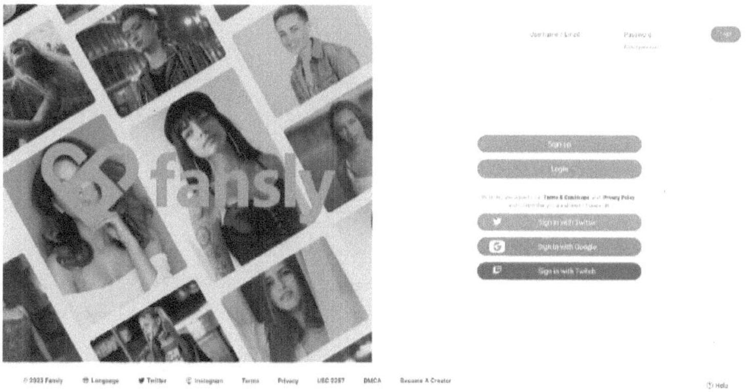

Just4Fans: è il più grande concorrente di OnlyFans e consente anche contenuti per adulti. I creatori possono vendere video, foto e accettare richieste speciali dagli utenti. La commissione è del 30%.

AVNStars: è una piattaforma dedicata ai contenuti per adulti che offre abbonamenti, vendita di clip, live streaming e chat. La commissione è del 20%.

LoyalFans26: è una piattaforma che offre abbonamenti, vendita di clip, live streaming, chat, podcast e blog. La commissione è del 25%.

Cam42: è una piattaforma di live streaming per adulti che offre anche abbonamenti e vendita di clip. La commissione varia in base al metodo di pagamento.

4. L'ONLYFANS MARKETING

In questo capitolo approfondiremo le strategie di marketing per emergere su OnlyFans, data la crescente concorrenza attiva sulla piattaforma. Non basta semplicemente esserci, ma è fondamentale sapersi promuovere per attirare nuovi clienti, come per un avvocato che si apre uno studio nuovo partendo da zero.

Ecco, in sintesi, le 5 strategie principali per emergere su OnlyFans:

1. *Promuovi il tuo account OnlyFans su tutti i tuoi canali di social media.*

2. *Promuovi il tuo OnlyFans su forum o nei siti di discussione in tema.*

3. *Includi il link al tuo OnlyFans nel tuo profilo social, sito web o blog personale.*

4. *Collabora con un'altra creatrice o creatore di OnlyFans per crescere insieme.*

5. *Applica spesso sconti promozionali sugli abbonamenti.*

Come anticipato, OnlyFans offre molto di più rispetto alle camgirl, infatti, si possono trovare anche:

- *Cosplay*
- *Influencer Vlogs*
- *Coaching fitness*
- *Video divertenti*
- *Gaming*

- *Bellezza*
- *Moda*
- *Ricette e consigli in cucina*
- *Blog di viaggio*
- *Tutorial fai-da-te*
- *Modellismo*
- *Contenuti per adulti*

I consigli di marketing presentati in questa guida possono essere applicati a qualsiasi tipo di profilo sopra citato, oltre ai camgirl e ai camboy.

4.1. Consigli di OF Marketing

In primo luogo, tieni presente che gli abbonati amano sia le foto che i video, ma ciò che li coinvolge di più è la **performance dal vivo, quindi fai delle "dirette" su OnlyFans**: andare in diretta su OnlyFans ti farà guadagnare più velocemente soldi e mance dai tuoi fedeli fan.

Inoltre, **applica sconti sulle tue offerte**. Se il tuo numero di abbonati è inferiore a quello che ti aspettavi, offri sconti giornalieri sul tuo profilo per guadagnare di più. Non dimenticare di modificare nuovamente il prezzo, rispetto a quello originale, appena finisce la tua promozione, altrimenti tutti i fan iscritti tramite lo sconto rimarranno a pagare con il prezzo promozionale da te inserito.

Un altro buon trucco è **condividere le tue canzoni su Spotify**. La musica può stimolare la conversazione e aiutarti a sviluppare un interesse comune con gli altri. Quindi, collega gratuitamente il tuo account Spotify a quello di OnlyFans, e condividi le tue canzoni preferite, andando nella tua pagina delle impostazioni e aggiungendo i tuoi artisti e brani preferiti per condividerli con i fan.

È fondamentale pubblicare contenuti innovativi. Come sottolineato più volte da OnlyFans, se vuoi avere successo sulla piattaforma, devi essere in grado di fornire qualcosa di diverso da ciò che le persone possono ottenere normalmente.

Quindi, se gestisci un account Twitter ad esempio, i contenuti che condividi dovranno essere molto diversi rispetto a quelli che condividi con i tuoi abbonati a pagamento su OnlyFans.

Dopo tutto, perché dovrebbero pagarti se possono ottenere tutto gratis?

Le persone che guadagnano di più su OnlyFans sono quelle che pubblicano **contenuti esclusivi**, come una combinazione di video e foto che possono essere visti solo a pagamento.

Quindi, **attraverso altri social, devi incuriosire la tua fanbase per portarla su OnlyFans** e farla vedere questi contenuti speciali a pagamento.

Ad esempio, le foto possono variare dal nudo alle foto dei piedi per i feticisti, o ad altre richieste sensuali, talvolta particolari. Tuttavia, **ricorda che tra gli utenti ci sono molte categorie diverse**, come amanti delle gambe, dei piedi, delle mani, del seno, del lato B, del viso, dei capelli, o di essere comandati, e puoi anche specializzarti in una nicchia specifica.

È fondamentale prendersi cura dei propri abbonati su OnlyFans per fare più soldi, quindi **pubblica regolarmente contenuti senza pause lunghe**.

Un paio di post al giorno sembrano funzionare bene per le top creator OnlyFans, quindi puoi anche iniziare così per ottenere successo sulla piattaforma. Quando pubblichi contenuti su OnlyFans, puoi anche bloccarli e sbloccarli a seguito di una mancia, il che significa che i tuoi iscritti non potranno vedere nulla a meno che non ti facciano un pagamento.

Ricorda che il tuo marketing non deve mai fermarsi! Continua ad aumentare il tuo profilo sui social media gratuiti con l'obiettivo di indirizzare le persone verso il tuo account OnlyFans principale per guadagnare!

4.2. Come promuovere OF sui social

Nel capitolo dedicato al Camgirl Marketing ti ho già parlato di come promuoversi sui social e quelle strategie valgono anche se vuoi promuovere la tua attività su OnlyFans.

Di seguito voglio parlarti in modo esteso di TikTok, il social più di tendenza oggi, ma considera i consigli di cui sotto validi anche per tutti gli altri social, compreso Instagram.

4.2.1. OF Marketing: Speciale TikTok

Tra tutti i social, ti voglio parlare in modo più esteso dell'OF Marketing che puoi fare su TikTok, il social più emergente.
TikTok si è fatto strada negli ultimi anni come una delle app indispensabili sul cellulare, insieme a Facebook, Twitter, Instagram e Snapchat. Nonostante sia nato come un social per i più giovani, i teenager, ben presto il suo target si è esteso a tutti e sta funzionando benissimo come vetrina promozionale anche per chi vende i propri contenuti su OnlyFans.
Pertanto, è assolutamente opportuno promuovere il proprio account OF anche su TikTok. Considera che ci sono quasi 800 milioni di utenti mensili attivi su questa piattaforma cinese. TikTok, dunque, è un ottimo strumento per aumentare i follower sul proprio profilo OnlyFans.

TikTok è facile da usare e conveniente sia per gli utenti che per i creatori di contenuti, poiché non richiede l'utilizzo di app di terze parti per l'editing dei video. La piattaforma permette di pubblicare brevi video che attirano l'attenzione degli spettatori come un magnete.

TikTok è una piattaforma ideale per promuovere anche la tua attività da camgirl, poiché i video di breve durata mostrano la tua personalità e il tuo aspetto in modo rapido e coinvolgente.

Inoltre, **diventare virale** e guadagnare follower su TikTok è relativamente facile, rispetto ad altre piattaforme di social media come Instagram o Facebook.

TikTok offre tutti gli strumenti necessari per creare contenuti di qualità e raggiungere un vasto pubblico. Puoi creare un video interessante e attirare nuovi follower su TikTok per promuovere il tuo profilo OnlyFans.

Con una promozione efficace, puoi aumentare significativamente il tuo seguito su TikTok e convertire questi follower in abbonati a pagamento sul tuo profilo OnlyFans.

Passiamo ora alle **indicazioni operative**.

Ricorda di non utilizzare mai il link OnlyFans direttamente su TikTok.

È una regola molto importante da tenere sempre a mente. Tuttavia, puoi utilizzare un trucco per promuovere il tuo profilo di OnlyFans su TikTok, ovvero impostare un aggregatore di link, che funge da landing page.
Questa pagina di atterraggio può includere una foto di copertina che ti ritrae in una posa estremamente sensuale, e raccoglie tutti i tuoi link social in un unico posto, inclusi quelli dei tuoi contenuti esclusivi su OnlyFans. Puoi anche utilizzare il link aggregatore nella bio del tuo profilo Instagram per attirare utenti al tuo profilo OnlyFans allo stesso modo.

Qual è il miglior aggregatore di link?

In rete il meglio che puoi trovare è *Znaplink*: un software gratuito per la gestione dei social media.

Znaplink funziona come sostituto dell'ormai sorpassato Linktree, che di gratuito ormai, ha ben poco da offrire.
Anche se non scende troppo a compromessi sui colori o sugli stili, consente tuttavia di organizzare dei collegamenti widget avanzati che aumentano il coinvolgimento degli utenti, includendo la descrizione del collegamento e le miniature.

Con Znaplink non devi preoccuparti di memorizzare le informazioni, poiché mantiene le informazioni di contatto presentate in modo responsabile su una home page online.
La pagina Znaplink comprende funzionalità che includono anche: link illimitati, cartelle, icone Social, la funzione SEO, Google Analytics, statistiche approfondite e molto altro...
Znaplink è quindi opzione alternativa davvero ottima per linkare ai tuoi contenuti esclusivi su OnlyFans; configura perciò il tuo account e non avrai problemi a promuoverti su TikTok e su qualsiasi altra piattaforma di social media!

Impara a mettere gli hashtag in modo corretto.
Gli hashtag possono essere il migliore strumento per attirare traffico su TikTok, ma solo se usi quelli giusti!
In questo modo il tuo TikTok verrà notato e avrai la possibilità di promuovere anche i contenuti su OnlyFans per aumentare il numero dei tuoi follower.

Inoltre, gli hashtag funzionano allo stesso modo delle parole chiave per un sito web. Puoi utilizzare parole chiave diverse, per far sì che i tuoi contenuti abbiano più visualizzazioni!

Ecco alcuni dei migliori hashtag che puoi utilizzare per il tuo marketing di OnlyFans su TikTok:

#beautifuldestination
#sensual
#sexymodel
#sexy
#sexybody
#OF
#booty
#ass
#cosplay
#beautiful
#OnlyFansgirl
#girlofOnlyFans
#cosplaylover
#hotgamer
#premiumcontent
#realOnlyFansgirl
#onlyfanz
#of
#girlsofOnlyFans
#titokgirls
#tiktokbabes
#titokvideos
#exclusivevideos
#modellife
#girlswithtattoos
#latinas
#hotcosplayoninsta
#muscles
#lgbt
#makeup
#footfetishnation
#exclusivepics
#fit
#booty
#latex

#modelsearch
#motivation
#OnlyFansgirls
#b00bs
#modelswanted
#daddy
#bbw
#blonde
#OnlyFansmodel
#webcammodels
#lavicinadicasa

Qual è il modo più sicuro per promuovere il proprio profilo OnlyFans su TikTok?

La regola principale per promuovere OnlyFans su TikTok è quella di non menzionarlo o inserire il link OnlyFans nella biografia del profilo TikTok. Infatti, TikTok vieta la promozione di contenuti per adulti e l'account potrebbe essere sospeso se viene trovato a violare questa regola.

Tuttavia, si può utilizzare termini come "XXX" o "+18" accanto al nickname o nella biografia per attirare l'attenzione dei potenziali fan. Inoltre, si può inserire occasionalmente riferimenti alla vendita di contenuti per adulti altrove nelle didascalie dei video, anche se questo non garantisce la sicurezza dall'essere segnalati.

Un modo alternativo è creare un aggregatore di link o una landing page che include tutti i link ai propri social media e contenuti, compreso il link OnlyFans. Questo link può essere condiviso sulla propria pagina TikTok per indirizzare i fan interessati ai propri contenuti per adulti.

Ci sono molte creators che pubblicano teaser del loro profilo OnlyFans su TikTok, senza essere bannate e tutto dipende da cosa viene proposto nel video.

Alcune famose star internazionali di TikTok che riescono a fare una fortuna su OnlyFans e dalle quali puoi prendere spunti, sono:

Babybelladiaz
Mia Khalifa
Jordyn Woods
Blac Chyna
Milà Montexo
Katia Sigmond
Mackenzie Jones
Pianta di Olivia Evi
Tana Mongeau
Austin Mahone
Ella Marie
Valentina Rosa
Lexianne Hills
Riley Roscato
Adorabile Alice
Riley_redd
karaxaen
Amourant
judy_daiquiri

Per promuoversi su altre piattaforme social, come su TikTok, è necessario fare molta sperimentazione per capire quale tipo di "contenuto hot" funziona meglio.

Tuttavia, un consiglio importante è quello di creare un secondo profilo TikTok per mantenere i tuoi fan nel caso in cui qualcosa vada storto. In questo modo puoi testare quali contenuti sono consentiti e avere un backup dei tuoi video in caso di ban del profilo principale.

Per diventare una creatrice di contenuti popolare su TikTok, devi prima attirare un pubblico significativo. Quindi, come aumentare i follower su TikTok?

La cosa più importante per ottenere più follower è creare contenuti di qualità premium: più sono buoni, più attireranno visualizzazioni. Usa fotocamere ad alta risoluzione per registrare i video e edita i tuoi contenuti con intelligenza.

Puoi implementare una strategia per ridurre il tempo impiegato nella creazione di contenuti, ad esempio registrare tutto il materiale della settimana in un solo giorno o ogni 15 giorni.

Infine, controlla sempre che la qualità video sia buona e che non ci siano problemi durante la riproduzione, come il fuori sincrono.

Crea contenuti in linea con le ultime tendenze

Prima di iniziare, analizza attentamente il tuo pubblico e ispirati alle TikToker che hanno già creato contenuti virali senza copiarle direttamente.

Su TikTok ci sono sempre nuove tendenze che possono aiutarti a guadagnare popolarità. Prova a creare tre o quattro video seguendo le nuove tendenze e cerca di rendere i tuoi contenuti divertenti e seducenti. Potresti anche pensare a un'idea per creare un nuovo trend coinvolgente.

È chiaro che la maggior parte dei contenuti su TikTok è moderata dall'intelligenza artificiale, quindi è un po' difficile pubblicare contenuti piccanti senza rischiare di essere bannati o segnalati alle linee guida della community. Per evitare questo, devi capire come pubblicare i tuoi contenuti in modo discreto e criptico per eludere l'intelligenza artificiale.

Inoltre, è importante costruire una community su TikTok che apprezzi realmente i tuoi contenuti e ti sostenga, evitando segnalazioni che potrebbero portare alla rimozione del tuo profilo.

Cura il modo in cui ti vesti

È importante prestare attenzione al modo in cui ti vesti quando promuovi il tuo profilo OnlyFans su TikTok, poiché ciò può avere un grande impatto sulla tua presenza sulla piattaforma e sul numero di abbonati che guadagni.

Il modo in cui ti vesti diventa parte del tuo marchio personale, quindi è importante mantenere una coerenza su tutte le piattaforme che utilizzi. Dato che TikTok ha delle rigide linee guida, **evita di mostrare il tuo corpo in modo troppo esplicito perché potresti rischiare il ban**. Quindi ok scollature ma occhio a non mostrare i capezzoli.
Vestiti in modo sensuale ma non volgare e prova a creare dei teaser che stimolino i tuoi follower a cliccare sul link del tuo profilo OnlyFans.

Vale la pena promuovere OnlyFans su TikTok?

Certamente, promuovere OnlyFans su TikTok può portare a un aumento significativo dei follower e degli abbonati. In media, sono necessarie oltre 10.000 visualizzazioni al giorno per ottenere da 10 a 15 nuovi abbonati a pagamento da TikTok su OnlyFans.

Per evitare problemi con il tuo account principale, ti consiglio di creare un secondo account su TikTok come backup.

TikTok è molto severo quando si tratta di contenuti per adulti, quindi cerca di creare video in cui sei completamente vestita o almeno in intimo, ma lascia sempre un ricordo eccitante per i tuoi fans.

Puoi aggiungere un link alla tua biografia, ma non mettere mai il link diretto al tuo profilo OnlyFans.

Le tendenze sono il modo migliore per aumentare la tua visibilità, ma devi essere creativa e usarle in modo appropriato.

Se qualcuno pubblica commenti negativi, banna o blocca immediatamente queste persone. Sono quelli che potrebbero segnalare in massa i tuoi video, portando alla rimozione del tuo account TikTok.

Problemi con l'utilizzo di TikTok per promuovere OnlyFans.

TikTok non è una piattaforma destinata ad un pubblico interessato a contenuti per adulti, per cui se vuoi veramente aumentare i tuoi follower su questa piattaforma e incoraggiarli a seguirti su OnlyFans, devi fare attenzione e non promuovere video con contenuti hot: non puoi essere troppo audace in ciò che proponi, altrimenti verrai bannata. Quindi, mantieni un abbigliamento sensuale, divertiti a flirtare ma senza esagerare. In caso contrario, rischi di perdere il tuo account TikTok in poco tempo!

Cosa fare se il tuo account viene bannato?
Se si tratta di una sanzione minore, il tuo account ti verrà restituito entro 2 giorni. E, se pensi che sia stato un errore, puoi sempre fare ricorso…

Differentemente, nel caso in cui non riesci ad accedere al tuo account, contatta queste email:

privacy@tiktok.com,
oppure feedback@tiktok.com

NOTA: Tutti i consigli che hai letto in questo paragrafo, relativi al marketing di OnlyFans su TikTok, valgono anche per Instagram, con la differenza che su Insta puoi tranquillamente pubblicare in BIO Il tuo link diretto ad OnlyFans.

5. LA NICCHIA DEL FETICISMO DEI PIEDI

Come abbiamo già accennato, gli utenti di camgirl e OnlyFans possono essere suddivisi in diverse nicchie a seconda dei loro gusti personali. Tra queste, una delle categorie più ricche e interessanti è quella del **Foot Fetish**.

Se sei interessata, entriamo subito nel vivo dell'argomento:

Come e dove puoi vendere foto fetish dei tuoi piedi?

Sebbene guadagnare vendendo foto sia abbastanza comune, potresti trovare strano il fatto che esista un mercato online per la vendita di foto fetish dei piedi, sia belli che brutti, puliti o sporchi. Tuttavia, è una realtà piuttosto comune trovare siti web che promuovono la creazione e la vendita di foto fetish dei piedi tra i vari contenuti per adulti.

Se non ti dispiace che i potenziali clienti comprino immagini dei tuoi piedi, continua a leggere: in questo paragrafo ti spiegherò come diventare una professionista **Feet Model** e trasformare un feticismo popolare in un'attività redditizia.

Quindi, **come creare e vendere contenuti per adulti con il focus principale sulle foto dei piedi?**

Puoi rivolgerti direttamente ai siti web specializzati nella vendita online di foto fetish dei piedi. Attualmente, i siti web che si occupano esclusivamente della vendita di foto dei piedi non sono molti e riguardano un mercato di nicchia, ma è più facile trovare una clientela fedele e ottenere un alto guadagno.

In genere, è più probabile trovare piattaforme che offrono servizi pensati per *content creators*, che consentono di guadagnare denaro vendendo il proprio prodotto agli utenti che si iscrivono. La popolarità di questi siti web sta nel fatto che molti di questi contenuti sono dedicati all'intrattenimento per adulti. Pertanto, oltre alla vendita di foto fetish dei piedi, possono essere ospitate molte altre categorie erotiche più generiche.

In base alla maggiore o minore specializzazione di un sito web per un determinato settore, ci sono differenze che si riflettono sui guadagni finali ottenuti:

Più una piattaforma è specializzata, maggiore è il guadagno per chi vende, ma è probabile dover pagare una sorta di piccolo abbonamento mensile.

Più una piattaforma estende la monetizzazione optando per vari contenuti in vendita, anche se in genere non applica abbonamenti per chi vende, maggiore è la commissione sui guadagni finali.

5.1. Come guadagnare con i piedi

Ecco i principali siti web e le fetish chat per vendere nel settore dei feticisti di piedi:

fp&uu
feetfinder
funwithfeet
feetify
dollarfeet
OnlyFans
manyvids
fetish pics & used underwear

Quest'ultimo si occupa, tra gli altri servizi, anche di vendita di mutandine usate, racconti erotici, show in webcam dal vivo, oltre a vendere le foto dei tuoi piedi online.

FP&UU è un sito che ospita attualmente oltre 36.000 modelle registrate. Nasce come sito per camgirl, ma all'interno vi sono più di 230.000 contenuti tra foto e video erotici e, una delle sezioni, si occupa infatti proprio di vendita delle foto fetish dei piedi.

Qui sotto troverai alcune informazioni in più.

Quanto posso guadagnare con fp&uu?
Puoi vendere le tue foto fetish a partire da un minimo di 2,50 euro fino a un massimo di 100 euro.

Ricordi il sito **InstaFeet**? Ecco, adesso è stato assorbito da **FeetFinder**, ed insieme hanno unito le forze per offrire un'unica piattaforma con più funzionalità e più garanzie.

Quindi, se desideri davvero vendere online le foto dei tuoi piedi, sappi che FeetFinder si occupa esclusivamente di questo settore.
Pur essendo una realtà relativamente nuova, FeetFinder conta al momento più di 150.000 membri attivi al giorno.

Quanto si guadagna con feetfinder?
Per quanto riguarda il prezzo da applicare alle tue foto e ai tuoi video, puoi partire da 5, 10 o 50 euro per arrivare fino a quando l'acquirente è disposto a corrisponderti. Alcuni utenti infatti, non hanno problemi a pagare molti sodi per ciò che vogliono, in particolare per i video personalizzati che realizzi per loro.

FunWithFeet è una piattaforma piuttosto recente, ma ciò significa che sia meno rilevante delle altre.
Infatti, ha hanno un tasso di fidelizzazione del venditore dell'84%, che è davvero alto.
Anche questo sito, si occupa esclusivamente della vendita di foto fetish dei piedi. Oltre a tantissime funzionalità, offre anche a chi vende una notevole quantità di contenuti di apprendimento sul Blog, pensati per aiutare le modelle a scattare foto migliori e guadagnare di più in questo settore.
L'unico aspetto negativo è che c'è una piccola quota d'iscrizione, ma ciò comporta l'iscrizione solo di ragazze che si dedicano seriamente a questo lavoro. Ovviamente, la qualità dei contenuti nel sito è alta e c'è anche molta meno concorrenza.

Quanto si guadagna con funwithfeet?
Non c'è un limite al potenziale guadagno su FunWithFeet. Il venditore medio attivo, che gode di una galleria di 6 immagini/video sbloccate al mese, può guadagnare dai $ 10 a $ 30 per foto/video.

Naturalmente, più il profilo è consolidato, più probabili sono le vendite e non ci sono commissioni aggiuntive.

Nato nel 2019, **Feetify** è un sito Web specifico per feticisti dei piedi che, tra acquirenti e venditori, riunisce oltre 260.000 membri attivi.
Sebbene sia gratuito per iniziare, il modo per ottenere dei risultati concreti è quello di eseguire l'upgrade al livello PREMIUM, che prevede il versamento di una quota. Questo consentirà alla modella di: comunicare attraverso la chat fetish e privata con i potenziali acquirenti, caricare un numero illimitato di immagini e video, ricevere regali in denaro dagli utenti.

Quanto si guadagna con Feetify?
Puoi iniziare a vendere immagini su Feetify a partire da un minimo di $ 5 e aumentare le tue tariffe man mano che l'elenco dei tuoi clienti cresce.
Feetify, inoltre, è l'unica piattaforma che premia le modelle in denaro solo per essere attive sul sito, con premi aggiuntivi che vanno dai $ 1.000 ai $ 10.000.
Ogni premio in denaro parte da: $ 4, $ 10, $ 20, $ 50 e persino $ 100 per modella, a seconda della qualità della sua partecipazione e dei caricamenti fatti sul sito ogni mese.

DollarFeet è leggermente diverso dalle altre piattaforme, perché non si vende ai singoli utenti ma è il sito stesso che paga per le foto e i video caricati dalle modelle. Prima di caricare contenuti per la vendita, è necessario però fornire allo staff un video di presentazione, al quale puoi ispirarti prendendo come esempio una loro clip.
C'è un però…
Poiché DollarFeet richiede che i video includano il volto e possibilmente l'intero corpo, potrebbe essere problematico per qualche modella accettare questa condizione.

Quanto si guadagna con dollarfeet?
Per ogni video accettato dal sito della durata di 10 minuti, il sito paga dai $ 7 ai $ 10. Il prezzo dipende dall'aspetto dei piedi ritratti nella clip o nella foto.

Infine, c'è **ManyVids**, un ecosistema online in cui tutti i tipi di creatori possono sostenersi attraverso le loro passioni. Il sito è piuttosto popolare ed è attualmente classificato tra i primi 400 siti Web per adulti in tutto il mondo che attirano un pubblico mensile di oltre 12 milioni di visite.

Ricco di funzionalità con una propensione alla creazione di comunità (una sorta di imitazione di una piattaforma social media), ManyVids ha molte alternative interessanti per creare coinvolgimento, aumentare le vendite e migliorare l'esperienza del cliente.

L'unico vero requisito per iniziare a vendere è avere diciotto anni o più. Dopodiché devi fornire una copia digitale del tuo documento d'identità al momento della domanda d'iscrizione che è gratuita.

Sebbene la piattaforma di ManyVids sia si occupi principalmente di "video amatoriali", ci sono molti altri modi direttamente integrati nella piattaforma per fare soldi come la vendita di mutandine usate, racconti erotici, servizi di sms, chat erotica e immagini di nudo. Tra cui anche quelle fetish dei tuoi piedi!

ManyVids paga dal 60% all'80% (in base ai contenuti venduti) su tutti i profitti. Se sei incuriosita ad approfondire, ti invito a leggere questo articolo dedicato su come aumentare visibilità su questa piattaforma.

5.2. Come vendere le foto fetish dei piedi attraverso i social

La vendita delle foto dei piedi può essere una forma creativa per guadagnare denaro, ma è importante tenere presente che si tratta di un lavoro che richiede impegno e attenzione alla propria sicurezza.

I social network, come Facebook e Instagram, hanno il vantaggio di essere piattaforme con una vasta base di utenti e quindi una maggiore possibilità di trovare acquirenti. Tuttavia, questi social network non garantiscono una protezione sufficiente della tua privacy e dei tuoi dati sensibili.

Al contrario, i siti web specializzati nel settore della vendita delle foto dei piedi offrono una maggiore sicurezza per la tua privacy e una migliore tutela dei tuoi dati personali. Inoltre, molte di queste piattaforme sono specializzate esclusivamente in questo tipo di contenuti e offrono un pubblico più specifico e mirato.

In questo paragrafo, considereremo solo i quattro maggiori social network a scopo esemplificativo, in modo da valutare insieme le differenze tra le piattaforme social e i siti specializzati nel settore in termini di protezione dei dati sensibili.

5.2.1. Come vendere foto dei piedi su Instagram

Instagram è indubbiamente la più grande piattaforma in assoluto che contiene un numero altissimo di interessati alle foto fetish dei piedi.

Non è necessario essere una modella, un'attrice o un personaggio famoso per vendere foto di piedi su Instagram.

Dopo aver aperto un account dedicato, nel quale caricherai solo contenuti che riguardano i tuoi piedi, puoi iniziare subito scattando una foto e pubblicandola. Più sono belle le tue foto e più le persone saranno attratte.

Puoi anche pubblicare le foto dei tuoi piedi su **Fetish Pics & Used Underwear** oppure su **FeetFinder**, aggiungere il link del profilo nella tua biografia di Instagram e consentire così alle persone di acquistarle da lì.

Per far crescere il tuo profilo Instagram raggiungendo un pubblico più mirato, segui questi consigli:

Frequenza di pubblicazione
La regola del: "più crei contenuti e più coinvolgimento ottieni", è valida per ogni piattaforma di social media, ma in particolar modo su Instagram.
La nicchia di vendita delle foto dei piedi sta diventando ogni giorno più competitiva, ma puoi ottenere dei buoni risultati se sei coerente con i post.

Utilizza di hashtag appropriati
Ogni volta che carichi un post, utilizza hashtag relativi alle foto dei piedi!

Di seguito, sono riportati alcuni dei migliori hashtag Instagram di tendenza per i venditori di foto di piedi che puoi usare per far crescere la tua pagina:

#feetmodel
#piede
#piedi
#feets
#adorazionepiedi
#feticismopiedi
#piedini
#feetlovers
#Instafoot
#instagirl
#piedisexy

Per darti un'idea di quanto siano popolari le foto dei piedi su Instagram, prova a controllare il numero dei post esistenti usando questi hashtag:

#piedi ha oltre 853.000 post e #piedini ha oltre 521.000 post solo in Italia!

Ma, dal momento che parliamo di foto e la lingua c'entra ben poco, stupisciti nel visualizzare la quantità di post per gli stessi termini, ma in inglese:

#feet ha oltre 12 milioni di post, #feetporn ha oltre 1,8 milioni di post, #feetworship ha oltre 1 milione di post e #feetfetishes ha oltre 200k post!

Cerca il momento giusto per pubblicare le foto.
Se pubblichi post dal lunedì al giovedì, puoi ottenere un maggiore coinvolgimento.

Inoltre con un "account da creatore", puoi visionare le statistiche della tua pagina su Instagram e sperimentare il caricamento dei post in momenti diversi della settimana per vedere il coinvolgimento delle persone.

Crea una biografia attraente come feet model

Una buona BIO nella pagina Instagram dedicata alle foto dei piedi, può aiutarti a convertire gli spettatori in follower.

La tua biografia deve essere facile da leggere. Cerca quindi di essere trasparente con ciò che gli utenti possono aspettarsi da te!

Per aiutare gli amanti dei piedi a trovare facilmente il tuo profilo, aggiungi alcune parole chiave. Ovvero parole che gli amanti dei piedi potrebbero usare per trovare te o il contenuto che offri in vendita.

La tua biografia deve essere anche in grado di catturare il tono del contenuto che intendi trasmettere con le foto dei tuoi piedi: le foto e i video dei tuoi piedi sono semplicemente sensuali o sono anche divertenti?

Cerca di introdurre questo particolare per aumentare il numero dei tuoi fan.

Se vuoi approfondire questo argomento, leggi il manuale HOW2 Edizioni: *Manuale di Instagram Marketing.*

5.2.2. Come vendere foto dei piedi su Facebook

Facebook è un'altra eccellente piattaforma, che funziona in maniera ottimale attraverso i suoi "Gruppi".
I Gruppi di Facebook sono, infatti, lo spazio virtuale ideale per vendere foto dei piedi online, sempre che consentano la condivisione e la pubblicazione delle tue fotografie.

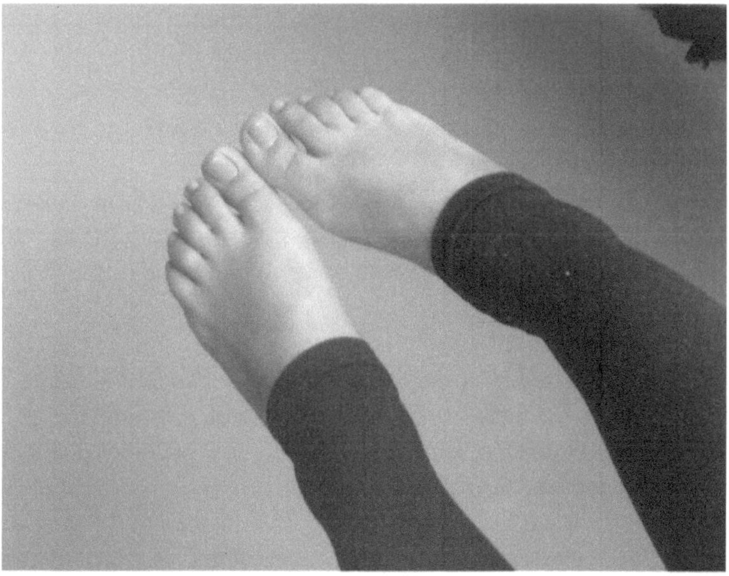

I gruppi hanno anche il vantaggio che possono essere privati, cioè chiusi, il che garantisce migliore privacy agli utenti e meno segnalazioni, poiché chi entra deve essere ammesso dall'admin del gruppo stesso. Potrebbe essere una buona idea se aprissi un nuovo gruppo privato sul feticismo dei piedi, caricando i tuoi contenuti ed invitando gli utenti a fare altrettanto. Qui potresti promuovere il tuo OF, sito ed i tuoi altri profili

Dai, intanto, un'occhiata ai Gruppi di Facebook specifici per i piedi, digita "**Foto piedi**" o "**Vendi foto piedi**" nella barra di ricerca e filtra per "Gruppi". Alcuni, hanno migliaia di membri e migliaia di potenziali clienti. Devi rimanere attiva per attirare l'attenzione delle persone, quindi assicurati di pubblicare e commentare i post degli altri.

Puoi creare su Facebook anche una Pagina Aziendale che ti dà accesso alle analisi sulle visualizzazioni dei tuoi possibili acquirenti.
Una volta impostata la tua Pagina Aziendale, inizia a creare e pubblicare contenuti!
Per creare una Pagina Aziendale, fai semplicemente clic su "Crea pagina" e segui i passaggi. Non dovrebbe volerci più di qualche minuto.
Puoi, quindi, inserire tutti i tipi di informazioni sulla tua attività: Nome, Indirizzo e-mail, Informazioni di contatto (non fornire troppe informazioni!), Link al sito Web e immagini o video.

Puoi collegare la tua Pagina Aziendale di Facebook al tuo sito Web, condividerla con potenziali clienti e collegarla al tuo account Instagram. Inoltre, dalla pagina si può creare anche il gruppo privato correlato.

Se vuoi approfondire questo argomento, leggi il manuale HOW2 edizioni: *Manuale di Facebook Marketing*.

5.2.3. Come vendere foto dei piedi su TikTok

Per iniziare a vendere foto dei piedi su TikTok e diventare quindi una FootTok perfetta, crea semplicemente un account gratuito, inserisci la tua biografia e un aggregatore di link, infine posta brevi video con effetti speciali e divertenti a tema fetish!

Se non sei sicura di come iniziare su TikTok, utilizza la barra di ricerca per trovare delle ispirazioni. Ti basterà digitare la frase chiave "**Sell Feet Pics**" oppure "**Vendo foto piedi**", per far apparire numerosi videoclip di altri utenti che vendono foto di piedi.

Ecco i modi migliori per trovare i fan su TikTok che amano le foto dei piedi:

1. Pubblica contenuti coinvolgenti dei tuoi piedi
Gli utenti di TikTok scorrono di continuo l'app alla ricerca di video divertenti o coinvolgenti. Se i tuoi contenuti sono all'altezza, anche i feticisti dei piedi faranno lo stesso!

Grazie all'algoritmo di TikTok, più clip carichi e più alte sono le possibilità che tu venga visualizzata nel feed principale ("Per te"), ovvero la pagina di TikTok dove solitamente si scoprono i nuovi talenti.

Mostrare i tuoi contenuti a molte più persone, ti aiuterà indubbiamente a rendere i video dei tuoi piedi virali.

Se uno dei tuoi video dovesse diventare virale, assicurati di avere un'e-mail aziendale impostata nel tuo account dalla quale inviare informazioni ai tuoi nuovi clienti per fargli acquistare le immagini.

2. Identifica cosa preferiscono gli amanti dei piedi
Se vuoi vendere più foto di piedi su TikTok, devi conoscere anche gli interessi dei feticisti dei piedi. Esistono due tipi di contenuti su TikTok: **Video brevi** e **Live streaming**.

Se gli utenti che amano i piedi sono più interessati ai Live streaming, ovviamente devi concentrare i tuoi contenuti maggiormente in quella direzione. E viceversa…

3. Osserva la tua concorrenza
Anche sbirciare le idee della concorrenza è importante, perché ti aiuta a sapere che tipo di contenuto pubblicare.
Poiché TikTok consente agli utenti di avere più profili, puoi aprire un altro account e seguire con questo la tua concorrenza in modo da ottenere un assaggio di quali tendenze esistono attualmente per gli amanti fetish dei piedi.
L'influencer di TikTok **@djsbeercave**, che ha guadagnato migliaia di dollari vendendo le foto dei suoi piedi su questa piattaforma, ha oltre 200.000 follower.
A differenza di altri account famosi, non si è concentrata su una nicchia, ma ha creato video su una varietà molto vasta di argomenti legati al **feticismo delle foto dei piedi**.

4. Usa sempre gli hashtag
L'uso degli hashtag sui tuoi post, ti aiuta a trovare nuovi fan su TikTok. Considera che **#FeetFeetFeet** ad esempio, è stato visualizzato 93,1 milioni di volte!

5. Promuovi in modo incrociato i video sui piedi
Dal momento che i fan sugli altri social media sono già interessati ai tuoi contenuti, una delle chiavi per guadagnare più follower è quella di effettuare una promozione incrociata su altre piattaforme.
Ad esempio, se hai oltre 1 milione di follower su Instagram, puoi promuovere il tuo account TikTok direttamente lì.

6. Pubblica al momento giusto i contenuti fetish

In genere questo consiglio non viene preso molto in considerazione ma, scegliere il momento giusto per pubblicare i tuoi contenuti fetish, è un ottimo metodo per trovare nuovi fan su TikTok.

Prima di postare infatti, devi conoscere l'orario in cui gli amanti dei piedi. Ciò ti aiuterà a raggiunge più visualizzazioni!

7. Crea o partecipa a challenge su TikTok

Le sfide su TikTok sono utili per raggiungere molte persone: partecipa alle sfide di tendenza e avrai maggiori possibilità di finire nella pagina dei "Per te". Visualizzazioni e follower sono assicurati!

8. Prova una sponsorizzazione su TikTok

Gli ADS di TikTok ti aiutano a ottenere più follower nel mentre crei nuovi contenuti sui tuoi piedi.

Seguire e smettere di seguire gli utenti, commentare e mettere mi piace ai post, sono alcune delle attività che automaticamente fanno crescere il tuo account di TikTok.

5.2.4. Come vendere foto dei piedi su Twitter

Twitter è un'ottima piattaforma per vendere le foto fetish dei tuoi piedi e diventare una **feetmodel** ricercata, ma rispetto agli altri social funziona in modo diverso.

Puoi vendere le tue immagini in due modi:

. Consenti a qualcuno di contattarti tramite DM per inviargli delle foto dei piedi personalizzate su ordine,
utilizza Twitter per inserire il link alla tua "Fan Page" ospitata su altre piattaforme di vendita come Fetish Pics & Used Underwear, FeetFinder o OnlyFans.

. Oppure al tuo sito web personale.

Dato che Twitter non è una piattaforma visiva, per far crescere i tuoi follower e fare soldi vendendo foto di piedi, uno dei metodi migliori è quello di fare tendenza nella sezione delle "Notizie" e abilitare la funzione Twitter Super Follow per limitare il tuo account solo agli utenti a pagamento.

Un'altra funzionalità di Twitter da sfruttare si chiama **Community**. Esattamente come accade su Facebook, l'opzione Community consente agli utenti di creare e unirsi a dei Gruppi in base ai propri interessi!

Impara a usare Twitter nel modo migliore per vendere foto di piedi:

Scrivi una didascalia "appetitosa" e seducente
La didascalia deve essere invitante, per questo puoi anche usare delle GIF esplicite per mostrare subito le tue intenzioni!

Puoi anche pubblicare gli screenshot dei tuoi pagamenti con una didascalia che promuove questo genere di attività per feticisti.

Altri esempi sono:

"Le mie foto dei piedi sono pronte per rovinarti la giornata. Acquistale qui!" (Menziona il tuo account).
"Vuoi vedere le mie dita dei piedi dimenarsi su di te per farti godere? Le trovi qui!" (Menziona il tuo account).

Se invece stai già guadagnando tramite Twitter, pubblica gli screenshot delle recensioni che ti hanno lasciato i clienti affezionati.

Questo è utile soprattutto per fidelizzare i nuovi utenti che non dovranno pensare molto prima di effettuare un ordine.

È opportuno pubblicare gli screenshot delle recensioni ogni 3 o 4 settimane, in modo da far sapere ai tutti i tuoi follower che sei coerente nel tuo lavoro.

Pubblica giornalmente tweet di alta qualità

Un buon espediente per attirare facilmente gli acquirenti, è twittare le foto dei tuoi piedi o dei video di pochi secondi sul profilo ogni giorno.

Il 97% delle persone si concentra sugli elementi visivi di Twitter, quindi è importante che tu abbia delle buone immagini come parte integrante del tuo marketing pubblicitario!

I Tweet che posti sul tuo profilo, devono essere mediamente 3 al giorno.

Non è importante riferire tutti e tre i post ai tuoi piedi, ma puoi pubblicare anche dei meme o delle citazioni casuali, o anche qualsiasi altra cosa di tendenza su Twitter!

Chiaramente non tutti quelli a cui piacciono i tuoi Tweet ti scriveranno in DM (messaggio diretto) per acquistare le foto dei tuoi piedi…

Ma questo è necessario per raccogliere un cospicuo traffico organico di utenti sul tuo profilo, utile ad ispirare (mediante la condivisione) nuovi potenziali feticisti!

Dai loro un motivo per ritwittare o commentare il tuo post, e apparire così nell'elenco delle tendenze di Twitter.

Aggiungi sempre degli hashtag di tendenza

L'uso degli hashtag ti aiuterà a far vedere ad altri utenti i tuoi tweet, aumentando il coinvolgimento del pubblico del 50%. Questo perché gli acquirenti li usano per effettuare ricerche allo scopo di trovare nuove foto dei piedi pubblicate.

Non aggiungere più di 2-3 hashtag per ogni tweet e solo hashtag pertinenti. Eccone alcuni comunemente usati per vendere foto di piedi:

#feetfettish
#feet
#vendofotopiedi
#foot
#soles
#feetvideos
#feetbuyer
#footfetish
#feetpicturesforsale
#feetpics
#findom
#fotopiedi
#sugarbaby
#sugardaddy
#piedinisexy
#sellfeetpics
#paypig
#cashapp
#feetforsale
#sugarmommy
#toes
#feetpictures
#feetlove
#feetbuyer
#footpic
#sellingcontent.

Un altro consiglio per avere successo su questa piattaforma, è **seguire altri utenti che già vendono le foto dei loro piedi. Dai un'occhiata ai follower e ai contenuti sulla loro pagina per trovare nuovi potenziali acquirenti**.

5.3. Tecniche del foot fetish

Appurato che piedi, gambe, calze, scarpe o calzini innescano l'eccitazione sessuale in una persona, le pratiche della quali dovresti essere a conoscenza su questo feticismo per essere una vera feet model, sono:

. Leccare la pianta dei piedi (Foot licking).
. Succhiare le dita dei piedi (Toe sucking).
. Annusare un piede o una scarpa, generalmente tendenti allo sporco (Foot sniffing).
. Mangiare lo sporco tra le dita di una donna (Toejam eating).
. Mettersi i piedi in bocca (Foot gagging).
. Masturbare il proprio partner con i piedi (Footjob).
. Nutristi del cibo prendendolo direttamente dai piedi (Feeding from feet).
. Eccitarsi prendendo dei calci sui testicoli (Ball busting).

Cosa serve per iniziare a guadagnare con i piedi?
Come avrai intuito, per diventare una **feetmodel** di successo e iniziare a vendere foto di piedi dovrai disporre di immagini o di video incentrati sui tuoi piedi.

Come? Con una fotocamera digitale (una Digital Single-Lens Reflex o una più economica ma sempre valida Point-and-Shoot con obiettivo macro), oppure con uno smartphone di ultima generazione. Infine, avrai bisogno di un accesso a Internet…

Devi sapere, inoltre, che ci sono molti siti che si occupano del settore fetish delle foto dei piedi, nei quali solo le foto di alta qualità vengono accettate.

Quindi, come fotografare i piedi in stile "fetish"?

Prima di iniziare la fase di marketing, ricorda sempre che le immagini dei piedi devono essere chiare e ben illuminate, della massima qualità possibile e dovrebbero mostrare i tuoi piedi da più angolazioni.
Ma anche prive di disordine. Quindi scegli bene anche l'ambientazione.

5.4. Come prenderti cura dei tuoi piedi

Per mantenere i tuoi piedi in ottima forma per la vendita di foto fetish, ci sono alcune attenzioni che devi prendere.
Oltre all'uso di creme ammorbidenti e al ritocco dello smalto, puoi investire in pedicure e trattamenti termali per i piedi, come i pediluvi o i massaggi, per rilassare e coccolare i tuoi piedi.

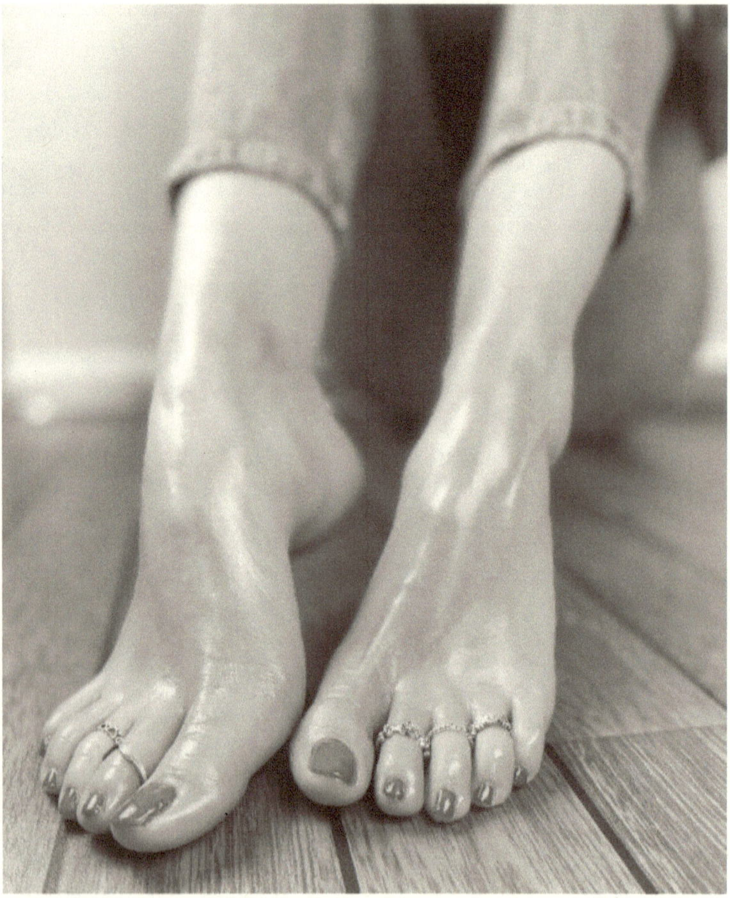

Tuttavia, se non vuoi o non puoi spendere soldi per questi trattamenti, puoi sempre fare la pedicure a casa seguendo alcuni consigli per ottenere risultati soddisfacenti.

- Indossa scarpe comode e ben aderenti per evitare la formazione di vesciche o calli.

- Se hai problemi di sudorazione e cattivo odore, utilizza un deodorante specifico per i piedi o metti del talco prima di indossare le scarpe.

- Evita di camminare a piedi nudi in luoghi pubblici per evitare infezioni fungine.

- Utilizza una lima per eliminare le callosità o le zone di pelle secca dai piedi.

- Scegli lo smalto per le unghie dei piedi in base alla tua nicchia di mercato, magari con colori brillanti o trasparenti, e cambialo regolarmente per mantenere i piedi sempre curati.

- Se hai problemi di circolazione, fai esercizi di stretching e di rotazione dei piedi per stimolare la circolazione sanguigna.

- Se hai dolori ai piedi, applica del ghiaccio sulla zona interessata per ridurre l'infiammazione.

Prendersi cura dei piedi non solo ti farà sentire bene e mantenere una buona salute, ma ti aiuterà anche a migliorare la tua immagine come feet model e a vendere le tue foto fetish con maggiore successo.

Ecco ulteriori modi per coccolare i tuoi piedi:

- Immergi i piedi regolarmente in acqua tiepida con bicarbonato per ammorbidire la pelle, quindi strofinali con un guanto scrub per rimuovere la pelle morta.

- Se non puoi permetterti una pedicure professionale, acquista un kit per la pedicure fai da te.

- Applica una lozione emolliente prima di andare a dormire e copri i piedi con calze spesse per un'idratazione profonda.

- Indossa calze o pantofole in casa per evitare di macchiare la pianta dei piedi.

- Taglia regolarmente le unghie dei piedi e rimuovi le cuticole.

- Applica del dentifricio sbiancante sulle unghie ingiallite per ridare loro lucentezza.

- Idrata i tuoi piedi ogni giorno con una crema specifica per i piedi.

Inoltre, se hai la possibilità economica, investire in trattamenti termali o pedicure professionali può essere un'ottima opzione per coccolare i tuoi piedi.

Ma se non puoi permettertelo, non ti preoccupare: puoi sempre fare la pedicure a casa seguendo i consigli che ti ho dato. Ricorda che curare i tuoi piedi è importante non solo per il lavoro di feet model, ma anche per la salute e il benessere in generale.

5.5. Come scattare foto fetish dei piedi belle, artistiche e remunerative

Se ti stai chiedendo come devono essere fatte le foto dei piedi, il primo step è molto semplice: ti basterà digitare su Google la parola "piedi" e poi annotare le foto che ti colpiscono di più!

Possibilmente opta e prendi spunto da quelle con un discreto potenziale e impatto commerciale.

Ecco come scattare foto dei piedi che ti faranno fare soldi!

Come **feet model**, a volte una semplice immagine senza filtri e senza calze del tuo piede sul pavimento sarà sufficiente.
Altre, invece, potresti ricevere delle richieste particolari che prevedono i tuoi piedi cosparsi di cibo oppure l'acquisto di scarpe e calze vecchie. Ed è qui che si possono fare soldi veri!

Ecco le pose più richieste da scattare ai tuoi piedi:

Pianta del piede
Una delle principali attrattive per i feticisti è la pianta dei piedi. Di solito sono preferiti i primi piani...

Le puoi realizzare comodamente seduta sul pavimento o sul letto, posizionando frontalmente la fotocamera a distanza molto ravvicinata.

Dorso del piede
Anche in questo caso si preferiscono fotografie molto ravvicinate dei piedi.
Per realizzare questa posa, sarà sufficiente rimanere in piedi o a sedere sul letto.

Inoltre, la cura delle unghie e dello smalto deve essere impeccabile per rendere più attrattiva l'immagine agli occhi dell'acquirente.

Arco del piede

Le foto possono essere scattate lateralmente da ambo le parti, purché l'arco del piede sia il soggetto principale che attira l'attenzione.

Più curvo è, maggiore sarà la soddisfazione del feticista!

Puoi realizzare la posa sopra il letto o sul divano comodamente seduta anche se, a parer mio, per rimanere concentrata e ottenere il maggiore inarcamento possibile, sarebbe meglio fartele fare da qualcuno...

Dita del piede aperte

Queste foto devono avere come focus principale le dita aperte dei piedi aperte.

Possono essere scattate allo specchio riflettendo l'immagine, oppure rimanendo a sedere posizionando a terra la fotocamera con il timer.

Scarpe con i tacchi

Le foto possono essere scattate da qualsiasi angolazione, ma con delle scarpe addosso.

In genere, più alti sono i tacchi meglio è, anche se alcuni utenti amanti del fetish non disdegnano scatti con tipologie di scarpe più basse come sandali e ballerine.

Piedi giganti

L'obiettivo di questa posa, è far sembrare che la modella abbia dei piedi giganti per stimolare nel feticista l'elemento psicologico dell'umiliazione...

In genere, gli amanti di questa tipologia di fotografie fetish, nascondono un desiderio inconfessabile di sottomissione alla donna!

Può anch'essa essere scattata allo specchio riflettendo l'immagine, o rimanendo a sedere posizionando a terra la fotocamera con il timer.

Piedi sporchi
Un'inquadratura abbastanza ravvicinata e con le piante dei piedi sporche, riguarda molto da vicino il feticismo dei piedi.

Questo perché in alcune persone, la sporcizia tra le dita dei piedi è l'elemento che fa scattare l'eccitazione sessuale.

Piedi immacolati
Molto richieste sono anche le foto dei piedi "candidi e immacolati". La cura costante e attenta per ogni particolare estetico, in questo caso, è d'obbligo!
Gli scatti possono essere eseguiti in qualunque modo si voglia.

Dita dei piedi arricciate
Anche le immagini dei piedi arricciati (posa che spesso viene assunta quando si tolgono le scarpe o quando si cerca di far scricchiolare le dita dei piedi), sono richieste dai feticisti.
Per questa foto va bene sia la vista laterale che quella frontale.

Ambientazione per le foto dei piedi: alcune idee per gli oggetti di scena

Candele
Posiziona alcune candele intorno ai tuoi piedi mentre scatti una foto...
Otterrai degli effetti di luce un po' mistici che gli amanti dei piedi adoreranno!

Tatuaggi henné

Puoi fare dei tatuaggi temporanei all'henné sui piedi, e sfruttarli come strumento decorativo e fashion che andrà a accentuare le curve!

Fiori

Mettere alcuni fiori intorno ai tuoi piedini come oggetto di scena, non solo rallegrerà l'umore di chi li guarda ma innescherà emozioni felici e sentimenti di soddisfazione e positività!

Gioielli per i piedi

Prendi in considerazione l'idea di indossare degli anelli per le dita o delle cavigliere come ornamentazione. Da sempre sinonimi di calore, buona fortuna e purezza, saranno delle attrattive irresistibili per gli amanti dei piedi curati!

Sfondo per foto piedi: idee sul background da scegliere

Per ottenere il massimo dalle tue fotografie fetish, avrai bisogno di uno sfondo per i tuoi piedi. Alcune delle idee più carine potrebbero essere:

Marmo

Se a casa hai un ripiano in marmo o delle mattonelle, prova semplicemente a fare delle foto utilizzandolo come sfondo. Sicuramente otterrai immagini innovative e d'interesse!

Sabbia

Anche se rimangono pur sempre un classico, le foto dei piedi con la spiaggia come sfondo hanno sempre il loro perché! Dunque… non metterle nella galleria delle tue migliori foto dei piedi fetish, sarebbe davvero un gran peccato!

Legno

Fare le delle foto fetish dei piedi con il contrasto del legno come sfondo, le renderà molto più uniche e particolari agli occhi dei feticisti. Per queste foto, va benissimo anche sfruttare il pavimento in parquet o laminato.

Tappeto

Una morbida moquette o un tappeto sotto i tuoi piedi, darà alle tue foto una maggiore simmetria generale e le farà sembrare molto più belle!

Biancheria da letto

Le coperte e le lenzuola bianche invece, aggiungeranno un tocco morbido e femminile alle tue foto che sicuramente farà impazzire i feticisti dei piedi!

Illuminazione: suggerimenti per la luce più adatta

Cerca di scattare foto dei piedi da quante più angolazioni puoi, usando anche luci diverse in modo che le immagini create siano più commerciabili possibile! Per un servizio fotografico di successo sui tuoi piedi (oltre agli oggetti di scena e allo sfondo), anche l'illuminazione gioca un ruolo importante!

Alcuni suggerimenti per una buona illuminazione possono essere:

Usare la luce naturale

Se hai una luce naturale che proviene da una finestra, usala come prima opzione. Tuttavia, evita la luce solare diretta per non far sembrare le foto dei tuoi piedi troppo luminose e/o sbiadite.

Usare delle luci a LED

Se non hai una luce naturale, prova a installare alcune lampadine a LED nell'area in cui di solito fai i tuoi servizi fotografici. Non sono troppo costose e, nell'immagine, risaltano ogni piccolo dettaglio dei tuoi piedi!

Usare la torcia elettriche

Se non hai a disposizione né la luce naturale né le lampadine a LED, utilizza una torcia elettrica (in casi estremi può risultare utile sfruttare anche la "funzione torcia" del tuo telefono cellulare).

5.6. Quanto farsi pagare per la vendita delle foto dei piedi?

Il guadagno dalla vendita delle foto dei tuoi "bellissimi piedini", dipende ovviamente dalla persona che le acquista.
Simile ad altre forme di fotografia, diventando una **feet model** puoi guadagnare **dai 5 ai 100 euro per foto** (a volte anche di più), grazie ad un numero elevato di utenti disposti a pagare mensilmente queste cifre solo per ammirare le tue estremità!
Quindi, se stai cercando di iniziare a vendere foto di piedi, sappi che questi prezzi sono molto comuni.

Come ricevere i pagamenti per la vendita delle foto
Svelate le piattaforme dove le foto fetish online sono più ricercate, dobbiamo parlare anche degli aspetti negativi che puoi incontrare strada facendo. E riguardano proprio i pagamenti!
In genere, i pagamenti in questi canali social avvengono tramite l'invio di denaro su Paypal o come una ricarica sulla PostePay Evolution.
Ma nelle transazioni, si vede chiaramente il nome e il cognome di chi riceve il denaro.
Quindi, per chi volesse rimanere anonima, queste non sono proprio delle buone opzioni per guadagnare online.
Alcune ragazze si sono ingegnate con altre soluzioni:
Facendosi accreditare i soldi sulla carta PostePay o sull'account Paypal di un amico o di un'amica.
Oppure su Amazon, che garantisce (anche se parzialmente) una sorta di anonimato nella spedizione, aprendo una lista dei desideri con degli oggetti prescelti che gli utenti decideranno di regalargli come scambio di foto.

Mentre nei siti specializzati, tutto funziona diversamente. È la piattaforma stessa che funge da tramite tra la modella e il compratore finale, quindi i dati sensibili di entrambi rimangono totalmente anonimi.

Proteggi sempre le tue foto con dei trucchetti

Una volta che hai creato un tuo book fotografico delle pose fetish, il secondo step è quello di proteggerle.

Ricorda di aggiungere sempre una filigrana, come un logo o una scritta ben visibili, per impedire alle persone di scaricarle gratuitamente.

Inoltre, prendi in considerazione di fare delle pose sia in alta che in bassa risoluzione della stessa fotografia, in modo da vendere quelle in bassa risoluzione a un prezzo e, se richieste dal cliente, la copia in alta risoluzione a un prezzo maggiore.

5.7. Sicurezza, privacy, ecc.

Anche se alcuni utenti potrebbero desiderare di incontrarti di persona ed essere disposti a pagare di più, **non incontrare mai i tuoi fan da sola e in privato!**
Se sei proprio decisa, assicurati almeno di vederti con loro in un luogo pubblico e di portare con te un'amica.
La tua sicurezza innanzi tutto!

È legale vendere foto di propri piedi online?
Sì, è totalmente legale vendere foto dei piedi. Purché tu abbia il copyright delle immagini e quindi non siano di proprietà di nessun'altra persona, e che non contengano oscenità.

Si pagano le tasse per vendere foto piedi?
Sì, come qualsiasi attività commerciale devi pagare le tasse sui soldi che guadagni vendendo foto di piedi su internet.
Il reddito che guadagni vendendo immagini di piedi, è considerato reddito d'impresa, quindi assicurati di tenere traccia di tutti i tuoi pagamenti ai fini fiscali.
Per tenere traccia dei pagamenti che ricevi, ti consiglio di usare questo software gratuito chiamato Go Easy.

La privacy nella vendita delle foto online dei piedi
Senza dover chiedere favori a nessuno, se si volessero semplicemente dei soldi da spendere a nostro piacimento rimanendo comunque anonime, il consiglio è di iscriversi a siti professionali che si occupano specificatamente del settore fetish.
In modo da mantenere la privacy totale!
Affidarsi a siti competenti, è, infatti, il metodo più affidabile in termini di sicurezza personale, di privacy e di pagamenti per lavorare come *feet model.*

Grazie a queste piattaforme specializzate i tuoi dati personali durante i pagamenti non sono esposti, perché è compito dei siti stessi effettuare il pagamento sul tuo conto corrente! Solitamente, una prova della serietà è dettata anche dalla stipula da parte di queste piattaforme di un contratto che ti salvaguarda.

Nel caso dovessi approdare in un sito che non propone questa formula di tutela, semplicemente evita di metterci in vendita le tue foto!

5.8. Fattori psicologici del feticista

L'industria dell'acquisto e della vendita di immagini fetish, come le foto dei piedi, è in costante crescita. Anche se può sembrare strano per molte persone, sui social media c'è un vasto mercato di foto che ritraggono i piedi, adatte a tutti i gusti e le preferenze! Se non hai ancora esplorato le pagine di Instagram dedicate alla comunità dei piedi, rimarrai sorpresa dalla popolarità di questo feticismo e da quante donne guadagnano grazie a questo settore in espansione.

La parte positiva è che gli acquirenti non hanno bisogno di vedere il tuo volto. A loro interessa solo la bellezza dei tuoi piedi! Tuttavia, ciò richiede un po' di abilità nell'ambito degli affari per far funzionare tutto al meglio, compreso il marketing, il networking e la socializzazione con persone che non hai mai incontrato prima.

Pertanto, è importante conoscere almeno le basi per iniziare a vendere foto online. Le donne vendono le loro foto di piedi online per un motivo molto semplice: perché c'è qualcuno che le acquista! E molti clienti sono disposti a pagare un prezzo ragionevole per ottenerle.

Perché i feticisti acquistano le foto dei piedi?

Analizzando la questione da un punto di vista sociologico, i feticci sessuali ormai non sono più una novità. Negli ultimi anni, infatti, lo stigma attorno a loro è diminuito. Le persone sono più aperte a parlare di ciò che le eccita, grazie anche ai gruppi che si formano nei social e nei quali è possibile condividere gusti e passioni di ogni genere.

Un recente sondaggio ha ulteriormente confermato infatti che i piedi, tra le preferenze maschili, sorpassano addirittura il il seno.

"Vendo foto piedi": facile se si potesse guadagnare qualcosa creando semplicemente questo annuncio!
La realtà è molto diversa e, continuando a leggere questo articolo, capirai come riuscire a monetizzare sfruttando al massimo le potenzialità delle tue foto.

Dunque, **sei pronta a fare soldi vendendo le foto dei tuoi piedi?**
Potresti trovare strana questa idea commerciale. Sicuramente non è per tutte!

Ma se ritieni di avere dei piedini graziosi, oltre che a delle discrete capacità fotografiche, organizzandoti in modo corretto e sicuro potrai incrementare le tue finanze!

Quasi, senza sforzo…

5.9. Il caso di Sweet Arches

Una delle più famose **footmodel**? Beh, Ti presento **Sweet Arches**, laureanda in medicina. Questa ragazza guadagna 5.000 euro al mese con le foto dei suoi piedi.

Con un esercito di quasi 130.000 fan che visualizzano le foto dei suoi piedi perfettamente curati su Instagram, riceve anche tra i 50 e i 100 messaggi al giorno attraverso il suo account OnlyFans. E in molti le inviano regali e mance!

Gli ammiratori che la seguono, sono persone che le chiedono di fare di tutto con i suoi piedi: dal bacio a leccarsi le dita, da spalmarsi del cibo o delle bevande sui piedi a indossare particolari tipi di scarpe.

Una volta impostata la sua pagina Instagram a maggio del 2019, ha iniziato a pubblicare foto e video ogni giorno cercando su altri siti una fonte di ispirazione. Da lì a poco, i suoi follower sono saliti esponenzialmente, facendola diventare molto famosa!

Il racconto di Sweet Arches inizia così:
"*Alla gente piace guardarmi mentre schiaccio con le dita dei piedi cose come: lamponi, uva o torte. In realtà qualcuno mi ha chiesto anche di schiacciare delle formiche, ma non fa per me come per qualunque cosa sia viva!*"

E continua svelando anche che:
"*Ad alcuni fan piace l'adorazione dei miei piedi e mi chiedono di giocarci tenendoli bene in vista in webcam. Altri chiedono di succhiarmi, baciarmi o leccarmi le dita dei piedi oppure di spedirgli i miei stivali o le mie snickers usate… purché siano maleodoranti!*".

6. LA NICCHIA DEL FINDOM

DISCLAIMER: Riportiamo questa pratica per motivi divulgativi, didascalici e per completezza informativa, ma la condanniamo moralmente e ce ne dissociamo.

Conosci il significato di BDSM?

Ebbene, è un acronimo che identifica una nicchia erotica e si riferisce a:

Bondage & Disciplina (B&D)
Dominazione & Sottomissione (D/s o Ds)
Sadismo & Masochismo (S&M o SM).

Il BDSM copre una vasta gamma di pratiche erotiche e relazionali che ruotano intorno a fantasie che implicano dolore, squilibrio di potere e umiliazione tra adulti consenzienti che traggono soddisfazione e piacere da queste attività. Esistono numerose sottocategorie all'interno del BDSM, tra cui il Findom (abbreviazione di **Financial Domination**), ovvero la dominazione finanziaria.

Sebbene possa sembrare strano, il fetish dei piedi è molto diffuso e ci sono molte donne che guadagnano vendendo foto dei loro piedi. Il Findom è una pratica che non richiede contatto fisico tra la Mistress e il suo Money Slave, bensì il controllo economico dello schiavo che, in modo spontaneo, dona soldi o regali alla sua Padrona come segno di adorazione.

I **Money Slave** sono uomini (e donne) che traggono piacere dal fare donazioni alla loro Padrona per appagare il proprio desiderio di essere utili e di sentirsi accettati. Spesso, sono persone con problemi di autostima o che sperimentano uno stress costante e desiderano trovare una Padrona che li comandi.

Guadagnare attraverso il Findom richiede costanza, consapevolezza e dedizione, nonché la capacità di capire rapidamente i propri schiavi e le loro esigenze. Una Mistress che pratica il Findom deve essere in grado di creare un rapporto di complicità e amicizia con i propri Money Slave, ma allo stesso tempo deve essere consapevole dei limiti e rispettare sempre le regole. La "varietà del Money Slave" è una variabile da non sottovalutare, poiché gli schiavi tendono a seguire più Dee per evitare la noia. Una Padrona che vuole guadagnare attraverso il Findom deve quindi essere in grado di offrire stimoli diversi e soddisfare le esigenze di ogni singolo schiavo.

6.1. Quali sono le regole della FINDOM?

Il Money Slave adora i soprannomi con cui viene ulteriormente umiliato e spetta alla sua Padrona, con la conoscenza reciproca, trovare il più adatto per lui.

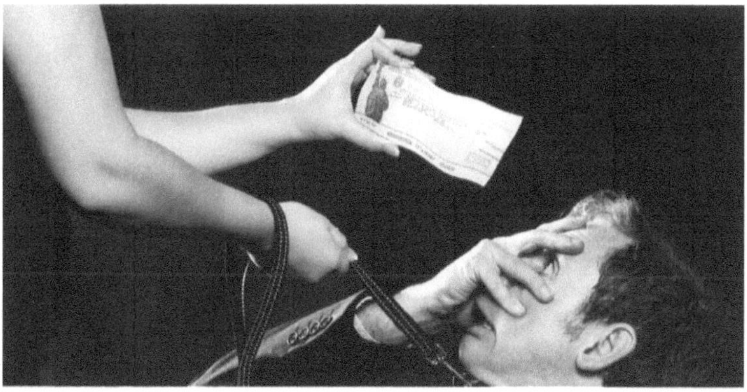

Per dominare finanziariamente un uomo, ci sono diverse fasi da seguire nel Findom, a seconda del grado di rapporto che si riesce a stabilire con lo schiavo e delle necessità reciproche.

Queste fasi includono le donazioni libere, i regali scelti dalla Padrona e la tassa fissa, che solitamente rappresenta il 10% dello stipendio del Money Slave e richiede una prova della busta paga.

È importante non considerare un Money Slave poco furbo, poiché molte persone che praticano il Findom hanno posizioni di rilievo in aziende importanti e sono tutto tranne che poco intelligenti.

Molte ragazze sono diventate dominatrici finanziarie grazie al Findom, in particolare le camgirl che utilizzano le piattaforme online per entrare in contatto con gusti sessuali e feticismi tra i più svariati.

Per guadagnare con il Findom, è importante creare un profilo sui social media o sui siti dedicati al Findom, ma è meglio optare per un profilo di basso impatto sui social network per evitare segnalazioni e blocchi improvvisi.

I siti dedicati al Findom, invece, offrono maggiori libertà di espressione e attirano chi è disposto a essere dominato finanziariamente.

7. PANTY FETISH: COME GUADAGNARE VENDENDO INTIMO USATO

Da alcuni anni in Giappone è nato un nuovo fenomeno erotico, chiamato **Panty Fetish** (o **Panty Selling**), che coinvolge donne e ragazze disposte a vendere online le proprie mutandine usate per guadagnare qualche soldo extra.

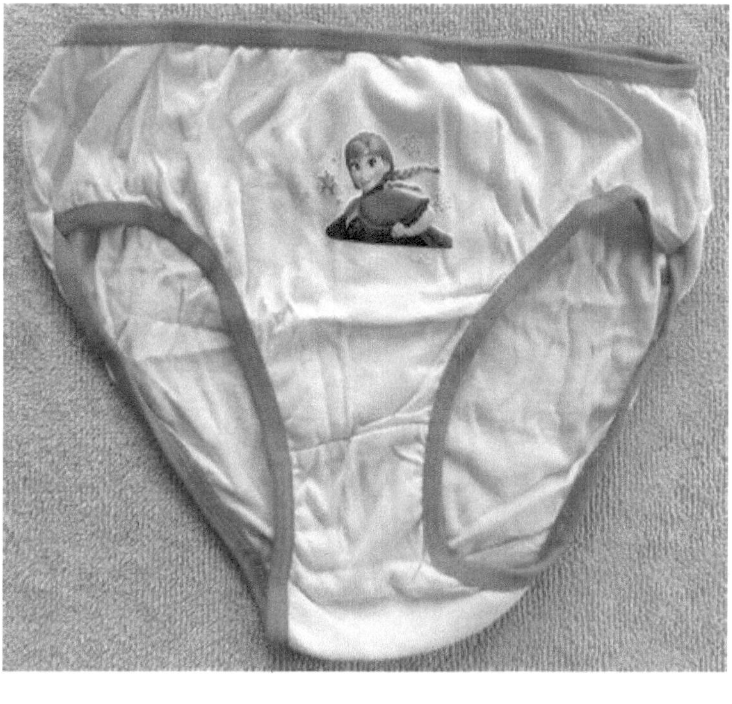

Questa tendenza è originata dai famosi *Burusera Shop* giapponesi, dove le ragazze, per lo più studentesse, vendono biancheria intima usata come slip, culottes, tanga, perizomi e calze, oltre alle uniformi, e qualsiasi altra cosa venga richiesta.

Anche in Italia e nel mondo occidentale il fenomeno del Panty Fetish sta diventando sempre più diffuso, sebbene in modo meno invasivo rispetto ai nostri amici giapponesi del Sol Levante.

Sempre più donne e ragazze decidono di vendere il proprio intimo usato per arrotondare lo stipendio o concedersi qualche sfizio, imparando nel tempo piccole strategie per soddisfare al meglio i clienti e guadagnare in totale sicurezza.

7.1. Chi sono gli acquirenti di mutandine usate?

Non tutti gli acquirenti sono deviati o mostri; la maggior parte di loro sono uomini normali con la passione per un feticcio insolito. Tra di essi ci sono uomini di diversi livelli di cultura, impiego e provenienza sociale, come ad esempio uomini d'affari, pensionati e studenti universitari.

Ma cosa spinge un uomo a comprare indumenti intimi usati?

Spesso l'immaginazione svolge un ruolo fondamentale: la studentessa, la casalinga o la dottoressa possono essere donne comuni che, con dedizione, indossano il proprio intimo durante l'intera giornata o solo in alcune particolari situazioni.

In realtà è molto semplice vendere mutandine usate: basta fare un giro su internet e scoprire i siti specializzati, dove ci si può iscrivere rimanendo anonimi, scegliere un nickname accattivante, scrivere una descrizione personale accurata e specificare cosa si offre in vendita, come mutandine, perizomi, calze, reggiseni, eccetera, e per quanto tempo si è disponibili ad indossare l'intimo.

Il guadagno non è male: è possibile guadagnare dai quattrocento euro al mese in su, proprio come un lavoro part-time.

7.2. Quanto si guadagna dalla vendita di intimo usato?

Solitamente, un paio di mutandine indossate per 24 ore può essere venduto tra i 20 e i 30 euro. Tuttavia, se il cliente ha richieste particolari, è possibile aggiungere un supplemento al prezzo.

Per poter vendere le mutandine, è necessario caricare una foto del capo intimo e fornire informazioni dettagliate sul numero di giorni in cui è stato indossato.

Esistono diverse richieste da parte dei clienti, come la richiesta di mutandine indossate per uno o più giorni, o durante situazioni specifiche come durante una sessione in palestra o con l'odore della pipì. L'importante è che siano "**odorose**".

Anche se vendere mutandine usate può sembrare uno dei modi più semplici per guadagnare soldi online, non è facile registrarsi su un sito web e iniziare subito a monetizzare.
Tuttavia, ci sono molti siti su internet dove è possibile vendere le proprie mutandine usate.

Tra le piattaforme più conosciute, puoi trovare:

Sofia Gray
Sofia Gray è il sito perfetto per aprire un vero e proprio negozio online di biancheria intima usata senza dover pagare commissioni. Il sito consente a chiunque di vendere la propria biancheria intima usata online e di guadagnare dai clienti che amano questo tipo di feticismo. Registrandoti come venditrice, potrai aprire facilmente il tuo negozio online, stabilire il prezzo dell'indumento intimo indossato, inserire il tempo relativo a quanto l'hai indossato, descrivere il suo profumo e lasciare una piccola descrizione di te per rendere l'accessorio ancora più allettante per l'acquirente. Si potrebbe

definire come un "Amazon per le mutandine usate". Il sito non prende commissioni sulle vendite, ma per aprire un account è necessario versare una somma di circa 24,99 euro per tre mesi.

FP&UU

Fetish Pics & Used Underwear, o FP&UU, è un sito che offre molti servizi aggiuntivi, tra cui quello di Camming in Live Streaming. Qui puoi vendere sia le foto che la tua biancheria intima usata e rappresenta una valida e funzionale alternativa alle piattaforme più grandi dove la concorrenza è spietata. Dopo esserti registrata, puoi raggiungere facilmente il tuo pannello di controllo dove caricare le foto degli articoli che decidi di vendere e il relativo prezzo. L'iscrizione è gratuita e i pagamenti, dai quali viene detratta una piccola commissione, vengono emessi dalla piattaforma tramite bonifico bancario.

ManyVids

ManyVids è una piattaforma sicura e progettata appositamente per aiutare a generare un buon reddito passivo, con un traffico certificato di 8,6 milioni di visitatori unici ogni mese e 2,1 milioni di pagine visualizzate ogni giorno. Qui puoi vendere video fetish personalizzati, contatti personali, foto sensuali e anche beni fisici come mutandine, reggiseni, scarpe o sextoys usati. L'iscrizione è gratuita e c'è una commissione del 20% sul venduto.

MyPanties

MyPanties è un sito perfetto per chi vuole vendere i propri indumenti intimi e ricevere feedback dagli acquirenti. L'iscrizione è gratuita e consente alle **"Truffle" (le venditrici)** di mettere in vendita i propri indumenti intimi e ricevere feedback dagli **"Sniffer" (gli acquirenti)**.

Più elevato è il numero di interazioni, maggiori sono le possibilità di vendita. Il sito offre anche il pulsante "Sniff!" che consente agli Sniffer di seguire gli aggiornamenti delle Truffle preferite quando cambiano il profilo, inseriscono materiale nuovo in vendita, rispondono ai commenti o aggiungono foto e video dei loro indumenti intimi.

PantyDeal

PantyDeal è probabilmente il sito più conosciuto per la vendita di biancheria intima online. Dopo esserti registrato gratuitamente sul sito, puoi immediatamente creare il tuo negozio online. Puoi inserire e promuovere i tuoi prodotti, che includono mutandine usate, foto in cui le indossi, brevi video e risposte ai messaggi degli utenti. Tuttavia, per farlo, è necessario pagare una tariffa mensile di circa 20 euro. Quando un cliente ti contatta, puoi negoziare il metodo di pagamento. PantyDeal sostiene che la maggior parte dei venditori preferisce ricevere pagamenti tramite carte regalo Amazon, carte regalo Victoria's Secret, PayPal o ricariche telefoniche. Il sito non richiede commissioni aggiuntive sulla merce venduta.

Panty

Panty è una piattaforma che offre un contatto diretto con i clienti, permettendoti di impostare il tuo prezzo. Inoltre, offre una funzione di messaggistica privata che ti consente di chattare e interagire con potenziali acquirenti. Quando un cliente decide di acquistare la tua biancheria intima, puoi negoziare i metodi di spedizione e pagamento. Puoi anche vendere altri articoli e servizi, come calzini, scarpe, abbigliamento sportivo, chat, SMS, foto e video personalizzati. Un vantaggio di Panty è che non richiede commissioni sulla merce venduta. Tuttavia, per sbloccare tutte le funzioni del tuo account, devi acquistare un abbonamento premium di circa 19 euro al mese.

Snifffr
Snifffr è un altro sito web eccellente dove puoi vendere la tua biancheria intima online. Dopo esserti registrato, puoi creare il tuo negozio online e elencare gli articoli in vendita. Utilizzando la chat, puoi iniziare a chattare con potenziali acquirenti per organizzare i metodi di spedizione e pagamento. Inoltre, Snifffr consente di vendere video, foto, chat online, programmi webcam e telefonate. Anche in questo caso, è necessario pagare una quota associativa per utilizzare la piattaforma e attivare tutte le opzioni del tuo account. Tuttavia, l'importo esatto dipende dalla modalità con cui apri e crei il tuo negozio online, ma in genere è inferiore a 6 euro al mese.

PantyTrust
PantyTrust è un sito dove le persone possono acquistare e vendere biancheria intima usata, ma anche altri articoli fetish come calze o collant. Il sito vanta circa 1600 membri attivi giornalmente, ma non tutti sono venditori attivi. PantyTrust riceve fino a 5.000 potenziali acquirenti che visitano gli annunci ogni giorno. Tuttavia, come Snifffr, è necessario pagare una quota associativa di circa 45 euro per iniziare e certificarsi come un fornitore legittimo.

Ci si può iscrivere a più di una piattaforma?
Certo! Questo è uno dei miei consigli. Nessuno ha l'esclusiva su di te, quindi se lo desideri, puoi iscriverti anche a più piattaforme per la vendita di intimo usato. Assicurati comunque di avere il tempo per gestirle tutte. Un potenziale cliente potrebbe stancarsi se non riceve risposta da te per un po' di tempo e decidere di cercare altrove.

Cosa devo fare dopo essermi registrata su un sito?
Dopo aver scelto una piattaforma per vendere le tue mutandine usate, devi impostare il tuo profilo. Questo

processo è praticamente lo stesso su tutti i siti: ti registri, scrivi una breve biografia su di te, carichi alcune foto ed inizi a vendere.

Quando scrivi la tua biografia, pensa a ciò che ti rende unica e particolare, parla della tua personalità, sii divertente, spiritosa e sensuale. Inizierai ad avere clienti in pochissimo tempo.

Per le foto, è importante scattarne di alta qualità mentre indossi le mutandine che vuoi vendere.
Puoi essere creativa: cerca di assumere posizioni che accentuano le tue migliori caratteristiche.
Non è necessario caricare foto che mostrano il tuo viso. Infatti, la maggior parte delle modelle non lo fa.

Dopo esserti registrata su una piattaforma specializzata nella vendita di intimo usato, non dimenticare di promuovere te stessa. Crea un account Twitter, Tumblr e Instagram per pubblicizzare ciò che stai vendendo.

Come posso mantenere la fedeltà dei miei clienti?

Mantenere clienti fedeli è molto conveniente quando si tratta di vendere mutandine usate. In primo luogo, è più facile instaurare una relazione di fiducia e in secondo luogo, si può garantire un reddito mensile costante.

Iscrivendoti a una delle piattaforme che ho menzionato in precedenza, potresti trovare utenti che richiedono il tuo intimo più volte. In alternativa, puoi instaurare un rapporto di lunga durata con i clienti che hai incontrato nel corso del tempo facendo la camgirl.

Non è necessario diventare una camgirl per vendere le mutandine usate, ma potrebbe essere un modo per massimizzare i guadagni. Un altro metodo efficace è quello di inviare ai clienti una foto sensuale di te che indossi le mutandine che hanno acquistato, potrebbe stimolare la loro fantasia e portare a nuove richieste.
Puoi anche aggiungere uno stampo del tuo bacio con il rossetto o un messaggio scritto a mano. Tuttavia, non esagerare nella sollecitazione dei clienti e rispetta sempre i tempi. Inoltre, potresti provare a contattare i clienti a distanza di un certo periodo di tempo per comunicare l'arrivo di nuovi articoli, in modo da stimolare un nuovo acquisto.

Consigli su come imballare e spedire l'intimo usato.
Non usare profumi o altri prodotti in aggiunta alla tua fragranza naturale. I clienti pagano per il tuo odore, non per qualcosa di artificiale.
Quindi, evita di coprirlo a meno che un cliente non ti chieda espressamente di spruzzare qualcosa. Quando imballi le mutandine, assicurati di piegarle bene e metterle in un sacchetto sottovuoto.
Per spedire il pacchetto in forma anonima, evita di aggiungere il mittente (il tuo) sull'indirizzo. Acquista un francobollo, attaccalo al pacchetto e imbuca il tutto in una cassetta postale della tua città.
Puoi iniziare subito comodamente da casa tua e la tua privacy sarà rispettata.

NB: se ometti di trascrivere il mittente, i tuoi dati saranno celati, ma il timbro dell'ufficio postale che ha preso in carico la tua merce comparirà sul pacchetto.

I francobolli possono essere acquistati negli uffici postali o nelle tabaccherie, e come servizio di posta puoi utilizzare Posta1 o Posta4. La tariffa per inviare una lettera in posta ordinaria (Posta4) parte da 1,20 euro, mentre la tariffa per inviare una lettera in posta prioritaria (Posta1) parte da 2,80 euro.

Questa attività può produrre un reddito secondario abbastanza decente, quindi non è sorprendente che sempre più ragazze siano interessate a questo settore.

8. COME GUADAGNARE NEL MONDO DELL'ADULT

8.1. Come realizzare video amatoriali

Il panorama dell'intrattenimento per adulti è cambiato molto nell'ultimo decennio e, da un'industria strutturata in modo che la produzione (ma anche la distribuzione e la vendita) dei video adult era gestita solo dai grandi studi, siamo passati ad oggi dove chiunque può creare e condividere le proprie clip amatoriali.

Monetizzare i contenuti direttamente con i fan, significa guadagnare somme significative, semplicemente condividendo un'istantanea o un video della tua vita.

La parte più conveniente, è che una modella continua a possedere il suo materiale, invece di affidarsi alle società di distribuzione per promuoversi e dover poi eventualmente pagare loro anche le royalties (al netto di tutte le spese di studio e distribuzione).

Le opzioni per guadagnare vendendo video amatoriali prodotti in casa sono infinite.

Se hai mai fantasticato di mostrare al mondo le tue abilità a letto e le tue caratteristiche fisiche, oggi puoi farlo facilmente. D'altronde, con il progresso tecnologico e l'attrezzatura video o fotografica a basso costo, chiunque può provare a diventare un'attrice o una produttrice di video per adulti.
In molti infatti, si divertono a fare clip amatoriali, in coppia o singolarmente, per trarne profitto. E allo stesso modo ci sono anche milioni di persone disposte a pagare per il privilegio di guardare questi video. Motivo per il quale, questo può essere

indubbiamente considerato per te un modo redditizio per creare, senza investimento, nuove entrate sul tuo conto corrente.

I requisiti, dunque, per iniziare a produrre e vendere i video amatoriali, in realtà non sono molti.
Probabilmente, oltre la **maggiore età** e a condizione che si abbiano le attrezzature necessarie, tutti hanno buone possibilità di iniziare a guadagnare con i video amatoriali da casa.

Ecco ciò che serve per iniziare:

Essere maggiorenne
Come già accennato, l'unico vero requisito obbligatorio è quello di avere almeno diciotto anni.
Per dimostrare la maggiore età, su qualunque piattaforma di intrattenimento per adulti, devi inviare una copia digitale del documento d'identità, insieme a un selfie con il documento d'identità accanto al tuo viso.
Assicurati di avere una copia anche del documento d'identità di chi partecipa con te nel video, oltre che a un loro selfie mentre lo tengono in mano.

Scegliere un nome d'arte
Pensa bene alla scelta del tuo nome d'arte, perché sarà una personalità alternativa con la quale passerai molto tempo. Pertanto, trova un'identità che ti piace e con la quale sentirti a tuo agio.

Ecco alcuni aspetti da considerare prima di scegliere il nickname:

Scegli un nome che le persone si ricordano facilmente. Se il nome è troppo generico, gli utenti che ti cercheranno su Google, probabilmente troveranno

milioni di risultati che non porteranno a te. Assicurati che il nome non sia già occupato. Non solo è una cosa scorretta da fare, ma non è intelligente fare in modo che gli utenti si confondano.
Digita il nick che hai scelto prima su Google. Questo per assicurarti che non ci siano troppi risultati mainstream.
Se è un nome abbastanza intelligente da far ridere le persone, sicuramente riceverai dei punti bonus per la tua creatività.
Assicurati che il nick scelto, sia disponibile anche sui i social. Ciò significa che la menzione: @tuo-nick su Twitter ad esempio, sia libera.
Se decidi di aprire un tuo sito web personale, assicurati che l'estensione ".com" (che mantiene la privacy del registrante differentemente dal ".it",) sia disponibile. Controlla dunque su un hosting qualsiasi digitando il tuo nick completo (senza spazi o trattini) con il ".com", assicurandoti così che sia libero. Se lo è, registralo!

Fotocamera o WebCam adeguata
Avrai bisogno di una telecamera. Maggiore sarà la qualità della telecamera, migliori saranno i tuoi video amatoriali.
Detto questo, non è necessario acquistare una telecamera a 4K (anche se non ha costi esorbitanti), perché in realtà puoi guadagnare soldi iniziando semplicemente con il tuo smartphone vendendo di foto erotiche.
Tuttavia, optare per una nuova telecamera rimane una valida opzione che puoi sempre mettere nella tua lista dei desideri, in attesa che qualche utente ti vizi…

Computer e linea ADSL
Avrai anche bisogno di un computer. Il computer viene utilizzato principalmente per la modifica e il caricamento di contenuti video.
Alcuni contenuti per il Fanclub o per i social media, possono essere caricati direttamente dal telefono, ma i video amatoriali devono essere caricati necessariamente tramite un Pc.

Ovviamente anche una linea ADSL sarà indispensabile per pubblicare le tue clip. Maggiore sarà la velocità di caricamento, minore sarà il tempo impiegato.

Una discreta connessione internet, ti sarà d'aiuto anche qualora dovessi trasmettere in streaming nei siti per camgirl.

Attrezzatura facoltativa per i video amatoriali

Quelli appena elencati, sono i requisiti minimi per iniziare a produrre e vendere dei video amatoriali.
Ma oltre a questi, ci sono altre attrezzature che ti consentiranno di produrre contenuti di migliore qualità per iniziare una carriera molto più redditizia.

1. Sistema di illuminazione a 3 punti

Una buona illuminazione può migliorare drasticamente la qualità del contenuto da te prodotto.
Alcuni luoghi potrebbero avere un'illuminazione naturale adeguata, ma non sarà sempre così.
Ci sono molti sistemi di illuminazione professionali disponibili sul mercato. Se ne sei sprovvista, un sistema di "illuminazione fai da te" funzionale ed economico, può essere reperito facilmente.

2. Microfono, treppiede e accessori per fotocamere

Ci sono alcuni elementi ausiliari, che possono rendere la realizzazione del contenuto video semplice e qualitativamente migliore.
Questi accessori della fotocamera includono: il treppiede, il microfono e gli obiettivi.

Ricorda che qualsiasi cosa tu possa fare per aumentare la qualità della fotocamera, aumenterà anche la qualità del contenuto prodotto.

3. SexToys

Non fa mai male tenere a portata di mano dei sex toys in camera da letto. In caso contrario, potrebbe essere una buona idea aggiungerli nella tua lista dei desideri.

Le modelle vengono spesso viziate con dei regali dai loro follower attraverso delle liste di desideri, un metodo alternativo per ottenere dei giocattoli sessuali senza investire nemmeno un centesimo…

4. Lingerie e abiti Cosplay

Come regola principale, avere un ampio armadio pieno di lingerie, completini e costumi cosplay (anche se i vestiti non ti rimarranno addosso a lungo), è considerata un buon incipit!

Se ti piacciono i cosplay, sappi che i video inerenti a quel tipo di feticismo funzionano benissimo.

Acquistare alcuni costumi per esibirti nei giochi di ruolo, può essere d'aiuto per diversificare i prodotti che vendi, e scoprire così nuove nicchie di pubblico pagante e fidelizzato.

8.2. Quanto si guadagna con l'amatoriale

Questa è una domanda molto complicata. E altrettanto lo è la risposta. Prima di capire quanto un artista che lavora nell'adult può guadagnare vendendo i propri contenuti, esaminiamo alcuni dei fattori che influiscono sulla redditività del settore.

A differenza del lavoro per le etichette produttrici del settore, l'industria dell'amatoriale indipendente non si basa su un prezzo fisso per scena. Ci sono molte variabili coinvolte.
È difficile calcolare il valore della durata di un singolo video. Questo perché ogni contenuto ha il potenziale per generare vendite e ricavi fintanto è disponibile per l'acquisto.

I guadagni variano da modello a modello. Tieni presente che l'industria dell'adult non va bene per tutti e alcuni non guadagneranno abbastanza affinché ne valga la pena.

Detto questo, guadagnare migliaia di euro al mese è sicuramente possibile se sei davvero ambiziosa, ci metti impegno ed hai talento, raggiungendo i livelli di Malena e Valentina Nappi.

I video amatoriali, generalmente costano 1 euro al minuto. Ma tieni presente, che il prezzo dipende completamente da te e in larga misura anche dalla qualità della produzione. Tuttavia, 1 euro al minuto è lo "standard per questo settore".

Nelle produzioni di questo settore si ragiona a "scene", non esistendo più i lungometraggi di una volta. In Italia il prezzo medio di una scena che un'attrice richiede si attesa sui 400-500 euro a scena. La tariffa varia a seconda della popolarità dell'attrice e delle caratteristiche della scena, ossia quale tipo di performance si richiedono. Le attrici più professionali hanno un tariffario che parte da un costo base (400-500 €, appunto), più costi aggiuntivi di vario genere, che svariano dall'uso di sexy toys, al numero di attori presenti in scena, ecc.

Ti riporto un tariffario medio, attuale, di un'attrice hard italiana di livello medio-alto in quanto a notorietà:

BG 700
BGA 800
LESB 500
Bj 450
SOLO 400
SOLO BIG TOY 500
DP 1000
DAP 1300
TAP 1800
PISSING +300
BGA (bdsm) 1000
PUKE +300
FISTING 500

Potrai intuire il significato di alcune sigle e voci, mentre altre probabilmente non riuscirai ad identificarle. Sono sigle di settore, che per lo più conoscono i soli addetti ai lavori. Giusto per darti un'idea la sigla BG significa Boy-Girl, con penetrazione vaginale, mentre BGA è la variante con supplemento anale. Bj è il blow-job, e così via.

Se il materiale viene commercializzato online sui siti, l'utente dovrà pagare il prezzo di un abbonamento o di un singolo acquisto per visualizzarne il contenuto. Se sei tu stessa titolare dei diritti del video e proprietaria del sito che lo vende, guadagnerai l'importo della vendita o dell'abbonamento al tuo sito. Se invece sei stata pagata da una produzione per girarlo, non vanterai alcun diritto economico sulle vendite. Considera che un video può costare 10-15 euro, mentre un abbonamento mensile al tuo sito, che permetterà la visione libera di tutti i suoi contenuti, può costare anche 30 euro.

Man mano che aumenti i tuoi follower, la quantità di contenuti per adulti prodotti, aumenterai i tuoi introiti.
Considera che se decidi di lavorare in questo settore, puoi anche fare varie cose contemporaneamente, come collaborazioni con etichette, produzioni private da distribuire sul tuo sito ed il tuo OF, oltre a lavorare come camgirl o fare spettacoli dal vivo nei locali notturni. Insomma, le opportunità sono varie ed il tuo successo dipenderà dal tuo talento e dal tuo impegno.

Qual è il modo migliore per vendere i video amatoriali?

Il semplice caricamento di contenuti amatoriali sulle piattaforme di settore, crea un grosso potenziale di vendite. E quindi anche di entrate. Tuttavia, devi sapere che oggi la concorrenza è altissima ed il materiale disponibile in streaming gratuitamente rende agguerritissima la concorrenza.

Oggi un'attrice che lavora per un'etichetta di produzione, come abbiamo visto, prende in media dalle 400 alle 700 euro a scena (costo base), ma le etichette in Italia ormai sono poche, pertanto le attrici spesso si recano all'estero per lavorare ed in particolare in Ungheria, dove si è sviluppato un fervido mercato di settore ed è lì che, infatti, si è stabilito da anni anche il celebre Rocco Siffredi, che ha anche fondato una Academy per attori hard.

Considera, ad ogni modo, che i costi di viaggio, vitto e alloggio, vengono rimborsati a parte, oltre al cachet. Questo comunque dipende dagli accordi che vengono presi.

Se decidi di collaborare con etichette di produzione, scegli solo quelle referenziate ed affidabili e diffida da situazioni poco chiare.

Diffida dalle produzioni che non richiedono i certificati sanitari del caso, ossia le analisi che attestano che l'attore non sia affetto da malattie trasmissibili come l'HIV.

Se, invece, lavori in modo indipendente e sei padrona esclusiva dei tuoi materiali, registrandoti sulle maggiori piattaforme adult, come PornHub e XVideos, pubblicando i video gratuiti sul tuo canale, considera che guadagnerai mediamente circa **600-700 euro per ogni milione di visualizzazioni** (e non è facile o scontato fare questi numeri).

Ma i video gratuiti che pubblicherai potranno fungere da esca per vendere quelli a pagamento, nella versione integrale, sia sulle stesse piattaforme in modalità premium a pagamento, sia rimandando l'utente al tuo sito privato. A questo punto l'utente potrà abbonarsi al tuo sito o canale o acquistare il singolo video, ad un costo medio di 15 euro.

Detto questo, ci sono alcune linee guida che puoi seguire per migliorare le prestazioni delle vendite dei tuoi video. Ecco i miei suggerimenti:

. Compila tutte le informazioni del profilo/sito

Inserire informazioni complete del proprio profilo, spesso aiuta gli utenti a trovarti come chiave di ricerca. Avere un profilo completo, aiuta anche i potenziali follower a saperne di più su di te e sui contenuti che stai producendo.

Assicurati inoltre di includere nel tuo profilo, i link che portano ai tuoi account social dedicati o ai siti di camgirl in cui sei iscritta.

. Pubblica contenuti promozionali
Molte piattaforme di intrattenimento per adulti, consentono alle performer di caricare contenuti gratuiti per promozione.
Pubblicare gratuitamente foto e video, o distribuire degli omaggi, risulterà per te sempre un'ottima strategia di marketing non solo per dare un assaggio della qualità dei tuoi contenuti, ma anche per fidelizzare gli utenti che ti regaleranno maggiore visibilità!

Cosa inserire nei video promozionali?

Un breve video sensuale con un elenco dei motivi per i quali gli utenti dovrebbero acquistare dal tuo "Video Store" e diventare tuoi fan.
Un video in stile "Appuntamento online". Pensa ad esempio a delle "lunghe passeggiate sulla spiaggia", ma personalizzate e rivisitate in versione piccante da te.
Un video in stile pubblicitario: "Hai perso la voglia di masturbarti? Con l'acquisto dei miei video tutto tornerà come prima!".
Un video personale in cui dici ai fan cosa possono aspettarsi dai tuoi video e com'è guardare i tuoi show online.
Un video con i momenti salienti degli altri tuoi video.
Un video "dietro le quinte", che consente agli spettatori di conoscerti e di parlare delle riprese dei tuoi video nel back stage.
Un video guida in cui consigli dei tuoi video in base ai gusti dello spettatore.

Ottimizza titoli, descrizioni, tag e categorie
Dare al video un buon titolo e una buona descrizione, offre ai potenziali acquirenti maggiori informazioni sulla clip e ti aiuterà anche ad essere trovata da loro più facilmente per la query di ricerca.

Quali titoli usare per i tuoi video in vendita?

La scelta del titolo giusto è una parte importante del successo di un video. Un titolo accattivante non solo fa capolino nell'interesse di uno spettatore, ma può essere il fattore decisivo per l'acquisto o meno!
I titoli accattivanti sollevano molte più domande, per esempio: "Non avevo idea che la mia videocamera fosse ancora accesa dopo il mio show!".
Ma anche usare delle descrizioni allettanti è fondamentale, come ad esempio: "Attenzione, questo video può causare eccitazione spontanea!", che risulta un modo divertente per incuriosire i potenziali acquirenti.

Utilizza sempre i Tag per attirare utenti.
Oltre al caricamento del videoclip nella giusta categoria del sito, l'aggiunta di tag pertinenti aiuterà gli spettatori a trovare il tuo video più velocemente e più facilmente.

Produci e carica contenuti in modo costante.
Le creatrici che producono contenuti in modo costante e coerente a ciò che offrono, generalmente ottengono maggiori vendite e maggiori guadagni.
Molti siti infatti, presentano in alto e ben visibili le anteprime dei contenuti più recenti.
Una volta creata una solida base di follower, produci nuovi video amatoriali da caricare periodicamente in modo da aggiornare il tuo archivio personale.

Ordina i tuoi video anche per pertinenza e data.
Sapevi che l'ordine dei tuoi video può influenzare direttamente la scelta di acquisto di uno spettatore?!
Molti spettatori si concentreranno solo sui primi tre video che appaiono sul tuo profilo, facendoti perdere potenzialmente la vendita su un capolavoro che è in fondo alla tua gallery.

Questo è il motivo per cui è importante mantenere il tuo Video Store sempre nuovo, facendo ruotare i tuoi video affinché ottengano un po' tutti la stessa attenzione.
Alcune volte basta trascinare la miniatura del video dove preferisci, altre volte bisogna caricare un teaser che riconduca a quel video specifico.

Sfrutta lotterie e concorsi nella piattaforma

Molti siti che ospitano contenuti amatoriali hot delle modelle, organizzano regolarmente dei concorsi o delle lotterie promozionali.
La partecipazione a questi eventi ti consentirà di ottenere visibilità tramite le pagine del concorso e dei social media.
Se il concorso supporta voti a pagamento, ne guadagnerai una percentuale dalle entrate generate! Allentante no?!
Nel caso in cui la piattaforma di camming organizzi delle lotterie, nel momento in cui aggiungi un nuovo video al tuo archivio dagli una spinta promozionale mettendolo in palio a uno spettatore che ha acquistato da te precedentemente.

Oppure organizza tu, sempre previo il permesso del sito, un concorso in cui gli spettatori possono inviare idee per il tuo prossimo video.

Scegli le prime 5 idee e lascia che gli spettatori votino per la loro preferita; l'utente che ha avuto l'idea vincente riceverà una copia del video una volta realizzato.

Crea video amatoriali personalizzati

Un modo in cui le creatrici di video per adulti possono realizzare interessanti entrate, è offrire dei contenuti personalizzati.
Il contenuto personalizzato, è una buona opzione poiché vende molto di più di una normale clip generica. E molte performer esperte lo confermano.

I video personalizzati, hanno un costo maggiore proprio grazie al tempo e allo sforzo dell'esecutrice nel realizzarli per un utente che desidera essere il primo ad averne accesso.

L'esclusività del contenuto invece, è un qualcosa che di solito varia dai 50 ai 100 euro in più a seconda dell'accordo e del tipo di contenuto.

Come valutare il costo dei video personalizzati?
Il prezzo di un video personalizzato, potrebbe variare sensibilmente da utente a utente ed in base a ciò che ti viene richiesto.

Se la clip richiede molta pianificazione, se vengono richiesti oggetti fetish esclusivi o se hai bisogno di acquistare oggetti specifici per la produzione, avrà un prezzo maggiorato rispetto a un video che non necessita particolare impegno.

In genere, viene applicata una commissione di base, che dipende completamente dalla creatrice, ovvero da te. Quindi ci sarà un prezzo al minuto e un prezzo in base per ciò che ti verrà richiesto.

Il prezzo potrebbe variare anche in base a quanto velocemente l'utente desidera il prodotto finale personalizzato. Entro 24 ore? Una settimana? Due settimane? Potrebbe esserci un addebito diverso per queste diverse scadenze.

Rivendi i video personalizzati come video generici
Il bello del contenuto personalizzato, è che puoi rivenderlo come clip generica.

A volte, una richiesta particolare da parte di un utente potrebbe basarsi su qualcosa a cui potresti non aver mai pensato prima. E, quel particolare tema o idea, potrebbe essere davvero vincente per te.
Se vuoi rivendere un contenuto personalizzato, è importante essere sincera e onesta riguardo alle tue intenzioni. Ci sono utenti che, pagando molto, si aspettano di essere i soli ad acquistare un determinato video.

Le richieste di contenuti personalizzati, aiutano anche ad aumentare il tuo archivio di clip fatte in casa. E ricorda che chiunque ti invia una richiesta specifica, sta cercando qualcosa che al momento non è in offerta sul web. Quindi approfittane!

Una volta prodotta la personalizzazione video per un utente, quel tipo di contenuto sarà in grado poi di soddisfare anche le richieste di chiunque altro stia cercando quel genere di video amatoriale.

Carica le tue foto e i video amatoriali nei Fanclub
Gestire un Fanclub con un abbonamento, è un'altra strada per monetizzare i contenuti che produci.
I Fanclub hanno anche del potenziale per essere uno dei servizi più redditizi che una star dell'adult indipendente può offrire online ai suoi follower.
Questo perché gli abbonamenti ai Fanclub, hanno la possibilità di raggiungere numeri vertiginosi in poco tempo.

Una volta che il numero di abbonati raggiunge un migliaio di follower, le entrate mensili possono arrivare farti guadagnare un bel po' di soldi.

Ecco alcuni suggerimenti per ottenere il massimo guadagno dai fan club.

I Fanclub possono essere una sfida per iniziare subito alla grande… specialmente se sei un'artista esordiente che non ha ancora tanti clienti abituali!
Pertanto, un ampio seguito di fan e tanti contenuti su cui lavorare, risulterà rilevante in particolar modo nelle piattaforme che purtroppo non offrono molta visibilità alle creatrici.
Carica quindi i tuoi contenuti prima della promozione del Fanclub, in questo modo tutti gli abbonati iniziali avranno una buona quantità di clip da vedere, mentre tu continuerai a costruire il tuo archivio personale di videoclip amatoriali.

Posta costantemente nuovi contenuti come foto e video, per mantenere aggiornato il contenuto del Fanclub.

Anche se ogni giorno è ottimale per pubblicare video, la maggior parte dei Fanclub ha un pianificatore automatico che ti consente di programmare la pubblicazione dei i tuoi prodotti.
E, proprio perché un video può essere venduto più e più volte, potrai soddisfare i tuoi fan anche quando non sarai online.
Proponi sconti e offerte per allettare i futuri nuovi abbonati a partecipare.
La qualità e il prezzo dei contenuti nel Fanclub, sono importanti per mantenere gli abbonati e attirarne di nuovi.

Promuovi i tuoi servizi sui social network
Fare una promozione dei tuoi contenuti, è un modo per aumentare gli utenti e di conseguenza ottenere più vendite.
Esistono molti modi per promuoversi e alcuni, come i social media, sono molto facili da usare.

Promuovi i tuoi servizi sulle piattaforme più famose
Il miglior marketing è caricare i tuoi video direttamente sulle principali piattaforme, dal momento che queste piattaforme

hanno già di default moltissimo traffico organico di utenti che cercano di acquistare dei contenuti amatoriali.
Essere in grado di attingere al traffico di un sito web importante e famoso, è il modo più semplice per ottenere più visualizzazioni al proprio profilo e guadagni assicurati.
Le stesse piattaforme, hanno anche un sistema di marketing interno molto utile, che include la possibilità di fare amicizie, di spedire messaggi e tanti altri strumenti promozionali.
Ed è importante sfruttare tutte queste opzioni per interagire con i fan che già hai e con i potenziali futuri.

Vendi i tuoi video amatoriali su più siti
La vendita su più piattaforme e siti per adulti, è un altro modo per estendere la portata dei tuoi contenuti e generare più vendite.
La produzione e la correzione del contenuto, è in definitiva la parte più difficile e dispendiosa in termini di tempo.
Inoltre, siti diversi hanno un pubblico diverso. Trasmettere su più siti, significa quindi attingere a diversi segmenti di pubblico per ottenere maggiore visibilità!

Vale la pena notare che, mentre alcune piattaforme sono più soft, altre invece sono più fetish e altre ancora sono più esplicite. Adattare dunque i tuoi contenuti alle preferenze degli utenti del sito, ti aiuterà sicuramente a vendere di più.

8.3. Casi di successo

Voglio concludere illustrandoti alcuni casi reali di persone che hanno avuto successo in questo settore recentemente.

Eggs Out
Gli Eggs Out sono una coppia toscana, July e Nikola, che da giovani genitori, hanno deciso alla soglia dei trenta anni a debuttare come produttori di contenuti adult amatoriale.
Dopo aver lasciato rispettivamente la loro carriera di consulente del lavoro e di ricercatrice, hanno deciso di diventare imprenditori a tempo pieno con il progetto "Eggs Out", un'attività che consente loro di gestire il loro tempo in modo più libero. Attualmente, si mantengono grazie ai video che caricano su diverse piattaforme per adulti. La loro strategia si basa su una costante presenza sui social, con un canale YouTube molto attivo e seguito, numerose collaborazioni con altri creator, un canale PornHub con 40mila iscritti e già 45 milioni di visualizzazioni. Certo che buttarsi in questo settore a 30 anni, lasciando dei lavori stabili, con una famiglia da mantenere richiede coraggio ma loro hanno affrontato questa scelta con grande entusiasmo e professionalità, data la qualità dei loro video.

Diana Zilli
Milanese, ha iniziato a lavorare nel settore dell'adult piuttosto tardi rispetto all'età media delle colleghe, dopo aver fatto vari lavori "normali" ed aver fatto la mamma. Anche lei, come moltissime altre colleghe e colleghi, ha deciso di "buttarsi" durante il periodo della pandemia, momento in cui moltissime persone hanno riflettuto sul proprio passato, presente e futuro, prendendo anche scelte radicali sulla propria vita. Ciò ha fatto Diana, decidendo di debuttare da quarantenne nel mondo dell'hard con l'entusiasmo di una ragazzina ed il talento e la professionalità di un'attrice scafata. Tale

atteggiamento l'ha fatta in breve tempo emergere e crescere in questo settore.

French Vanilla

Questo è il nome d'arte di una modella italiana che ha un account di OnlyFans molto popolare. Si tratta di una seducente bionda che pubblica foto e video esclusivi su Telegram e OnlyFans. Non si conosce il suo vero nome o altri dettagli sulla sua vita privata. French Vanilla è considerata una delle migliori OnlyFans in assoluto nel 2023 in Italia.
Questa modella rappresenta un caso di successo per chi non vuole svelare la propria identità online per motivi di privacy. Come abbiamo detto, infatti, si può fare questo lavoro anche senza mostrarsi in viso od usando una mascherina, tipo la cantante milanese Myss Keta. Questa scelta di maggiore "riservatezza" non rappresenta per forza un minus a livello di sensualità, anzi può anche rappresentare un plus, creando un intrigante alone di mistero intorno alla propria identità.

Michelle Comi

È una ragazza milanese, molto seguita anche su Instagram. Michelle punta molto sulla simpatia e l'autoironia, oltre all'avvenenza, e posta quotidianamente video in cui inscena delle gag o delle situazioni spiritose, in tipico stile TikTok. Puntare sulla simpatia non è una scelta molto comune in questo settore, dato che si preferisce optare per un classico mood stile femme fatale. Michelle si è lanciata anche grazie ad una collaborazione con Max Felicitas, considerato da molti l'erede di Rocco Siffredi. Max crea contenuti per adulti collaborando, spesso, con modelle esordienti provenienti da OnlyFans. Ciò garantisce a queste ragazze un boom di visibilità essendo Felicitas molto, molto seguito. Ritornando a Michele, come ti ho anticipato, dopo tanto lavoro e seguito, è stata bannata da OnlyFans, ma grazie alla sua affezionata fanbase Instagram è riuscita a limitare i danni trasferendosi sulla piattaforma alternativa Fansly.

Silvia Soprano

Nata a Roma nel luglio 1997, figlia unica di genitori separati, Silvia è la classica ragazza della porta accanto, che ha avuto una vita normalissima, studiando e lavorando come parrucchiera, finché, a metà del 2020, in periodo di covid, ha deciso di provare la fortuna nel mondo dell'intrattenimento per adulti, motivata da un mix di noia, riaffermazione personale e per soddisfare la sua curiosità, come lei stessa ha raccontato. Così si è trasferita in Spagna, a Barcellona, divenendo in poco tempo una delle attrici più promettenti dell'adult, proprio grazie alla sua immagine da brava ragazza, dai modi semplici e gentili.

All' età di 25 anni, Silvia ha deciso improvvisamente di ritirarsi dal settore, dopo appena 2 anni di attività, lasciando basiti e affranti i suoi numerosi fans. In un'intervista dichiarava di aver intrapreso la carriera nell'adult con la massima serenità e consapevolezza, pur rendendosi conto degli innegabili risvolti su eventuali partner, nel lavoro e nella sfera privata del sociale. Anche se la scelta di Silvia potrebbe essere transitoria, dovuta ad un momento di stanchezza, ed anche se la sua scelta di debuttare in questo settore è stata molto serena, bisogna comunque riflettere sui possibili risvolti che questa attività implica. Mentre nel settore delle camgirl e su OnlyFans si può anche lavorare mantenendo l'anonimato, nel settore dell'hard questo è possibile ma meno facile. Pertanto, bisogna essere davvero super sicuri di iniziare una tale carriera, perché alcune ripercussioni indirette possono per sempre marchiare la vita, dati i notevoli tabù, lo stigma sociale e l'ipocrisia verso questo tipo di attività.

8.4. Considerazioni finali sul settore dell'Adult

Siccome siamo arrivati alla fine del libro, voglio dedicare questo paragrafo conclusivo ad una sorta di punto della situazione, proponendoti alcune riflessioni finali.

Parto dalla fine. Ho concluso questo libro, nella terza ed ultima parte, con il mondo dell'adult, parlando dell'opportunità di diventare un'attrice hard o produttrice di contenuti per adulti che lavora in modo autonomo.

Ti faccio una breve premessa. Devi sapere che il mondo dell'hard non è più quello degli anni '80 e '90, che ha portato al successo e alla celebrità star del calibro di **Moana Pozzi, Cicciolina, Selen, Eva Henger**, eccetera. Le pornostar erano poche, ricche e famose.

Quelli erano i tempi dei grandi produttori come **Riccardo Schicchi** e di grandi registi di settore come **Mario Salieri**. L'hard era un'industria molto florida, con la quale molto spesso si guadagnava anche di più rispetto al cinema mainstream. In quel periodo chi operava in questo settore si è arricchito, aprendosi le porte alla politica ed alla tv. Era un'industria che si basava sull'home video, sulle VHS prima e sui DVD dopo.

Poi qualcosa è cambiato. Con l'avvento e la diffusione di internet, negli annoi 2000, il settore dell'hard di una volta è caduto in declino, dato che questo tipo di contenuti si iniziava a fruire gratuitamente online, grazie a piattaforme come Xnxx, Xvideos, YouPorn, per finire all'attuale leader di settore, PornHub. Tutti colossi americani, che hanno gettato le basi per una rinnovata industria, con nuove regole e nuovi schemi. Così, moltissime delle vecchie case di produzione sono fallite ed è emerso il fenomeno del **porno amatoriale**, grazie al quale persone comuni, riprendevano e pubblicavano autonomamente e a costo zero i propri contenuti.

Tutti questi nuovi contenuti inondavano i siti porno, arricchendoli, a discapito delle vecchie produzioni professionali. Così **è cambiato anche il modello di produzione**, passato **dal lungometraggio alla "scena"**, che è un video di massimo 15 minuti, con trama minima o completamente assente, basato sul solo atto sessuale, senza trame, ambientazioni, scenografie, ecc.

Così **il cachet delle attrici hard è crollato, arrivando ai minimi termini attuali di circa 600 euro a scena, se non meno.**

Oggi un'attrice hard fa fatica a campare, perché non può girare scene a profusione e dopo un tot di collaborazioni tra le poche etichette operative, si è già bruciata professionalmente. Ti parlo di un'attrice media, escludendo star del calibro di Malena e Valentina Nappi. Pertanto molte attrici restano nell'anonimato ed hanno carriera molto brevi.

In questo scenario, cosa è successo?
Che molte attrici della precedente generazione si sono ritirate, dedicandosi ad altre attività, mentre altre hanno optato per diversificare i propri introiti, facendo show nei locali od anche l'attività di accompagnatrice.

E le nuove leve?
La maggior parte delle nuove professioniste dell'adult, sono nate direttamente come camgirl o modelle OnlyFans, operando come libere professioniste. Così, possono specializzarsi in un ruolo, in una nicchia od una piattaforma, oppure lavorare in modo eclettico, versatile e trasversale, operando parallelamente come camgirl, modelle OF,

influencers e produttrici di contenuti hard da distribuire anche nei siti per adulti come Xvideos e PornHub, monetizzando direttamente, senza alcuna intermediazione o produzione esterna. Dunque, si è passati ad un lavoro autonomo, rispetto al precedente lavoro dipendente o freelance. Ciò non toglie che una camgirl o modella OF e content creator, possa anche collaborare con colleghi e case di produzione. Insomma, il mercato dell'adult è diventato molto fluido e le opportunità di guadagno sono diventate molteplici, varie ed eventuali.

È proprio per questo che ho deciso di scrivere questo libro, ossia per aiutarti a farti luce in questo mondo ormai diventato labirintico e fare le scelte giusto per arrivare al successo professionale ed economico.

Detto ciò, passiamo alle conclusioni formali ed ai saluti di rito.

CONCLUSIONI

Cara amica camgirl o aspirante tale, nell'introduzione di questo libro, ti ho formulato una serie di promesse, affinché tu fossi ben consapevole di cosa avresti letto.

Beh, ora che hai concluso la lettura di questo manuale, spero che tu sia soddisfatta e ispirata, per iniziare questa carriera con passione e consapevolezza o rilanciarla alla grande!

Abbiamo visto che oggi la camgirl è una professione di tutto rispetto, al di là dei vari tabù e luoghi comuni. Abbiamo visto cosa significa fare questo lavoro con profitto, quali vantaggi garantisce e come esso possa essere fatto in totale sicurezza, privacy, anonimato e riservatezza.

Abbiamo anche visto che, sia da un punto di vista fiscale, sia legale, è un lavoro come un altro e ti ho spiegato anche come pagarne le tesse regolarmente.

Abbiamo ancora visto quali sono i trucchi e i segreti del mestiere, i suoi aspetti tecnici, motivazionali e psicologici, perché fare la camgirl non significa solamente esibire il proprio corpo in cam, anzi! Dunque, sono molte le competenze che la camgirl di successo deve maturare per sfondare in questa professione. Ora lo sai.

Insomma, che tu decida di fare o proseguire questo lavoro, piuttosto che no, ti auguro il mio più sincero in bocca al lupo per tutto e grazie per tua lettura.

www.ingramcontent.com/pod-product-compliance
Lightning Source LLC
LaVergne TN
LVHW060448051026
849518LV00002B/663
* 9 7 8 8 8 9 3 0 5 6 6 3 2 *